よくわかる
私道のトラブル
Q&A

第3版

Private

安藤一郎 [著]
Ando Ichiro

三省堂

はしがき

　本書を平成9（1997）年に出版した意図は，それより先の昭和53（1978）年に刊行した『私道の法律問題』が，その後の改訂により，次第に大部かつ専門的になり一般の方々には利用しにくくなったため，よりコンパクトで，理解しやすいものを用意する必要を感じたためでした。そこで，『私道の法律問題（第5版)』の刊行をきっかけに本書の初版を出版したのです。

　本書は平成18（2006）年に改訂し，第2版を出版してからは改訂が途絶えていました。その間，平成29年と令和3年に本書に関連する民法の改正があり，建築基準法の改正もありました。また，判例の蓄積もあり，学説の進展もありました。そこで，よりアップ・トゥ・デートな内容に改訂する必要を感じていたところ，このたび『私道の法律問題』の第7版が企画されたことにともない，本書にも改訂の機会が与えられましたので，第3版として出版した次第です。

　記述にあたっては，今までどおり主として一般の方々を対象とし，項目はある程度別著の『私道の法律問題（第7版)』に沿いながら，より理解しやすいようにできるかぎり図面・書式・イラストなどもとりいれて，原則として簡潔に，しかし，重要と思われるところは少し詳しく解説することを心がけました。

　なお，第2版までは「公道に至るための他の土地の通行権」を「袋地通行権」と記述していましたが，近時はいろいろな文献において「隣地通行権」と表現されることが多くなりましたので，本書もそれにならって表現を改めることにしました。ただし，専門書や判例の文中などでは，伝統的な「囲繞地通行権」となっていることも多いのでご留意ください。

本書は，もちろんそれ自体として利用できるように工夫してありますが，上記のような経過でできていますので，さらに詳しく知りたい場合には同時に刊行される『私道の法律問題（第7版）』を読まれるようお願いいたします。とりわけ多くの判例を登載して，具体的に起きたトラブルを紹介しています。

　このような本書がこれまでと同様に，少しでも皆様のお役に立つことがあれば，誠に幸いです。

　おわりに，本書を刊行する機会を与え，資料の収集から出版に至るまで，協力してくださった，三省堂六法・法律書編集室の佐田江里子氏に厚くお礼申し上げる次第です。

　　令和5年1月

　　　　　　　　　　　　　　　　　　安　藤　一　郎

目　次

3	通行地役権とはなにか

6	私道の通行妨害

7	私道と土地売買

8	その他の問題

装丁………………やぶはな　あきお
本文イラスト　…………土田菜摘
組版　……大日本法令印刷株式会社

1　私道通行権の種類

Q 他人が所有する私道を通行できる権利にはどのようなものがありますか？

A•••••

1　私道とは

（1）　私道とは，一般には，私人が自らの費用負担で築造し，その道路敷についての所有権，賃借権などの使用権原を有するもので，その維持・管理について権原者の自由にまかされているもの，あるいは個人が所有し，私的に利用している道路，などと説明されています。これらの意味での私道は，もっとも狭い意義での私道で，公道における道路法のような管理法をもたない道路であり，もっぱら私権の対象となり，その土地の所有者等が，その権原にもとづき土地を通行の用に供しているもののことをいっています。本書では私道をこの意味で使用しており，さらに通路といわれ，建築基準法上は路地状敷地（Q39参照）であるものも含んでいる場合もあります。

（2）　このように私道は，私人が所有する土地なので，公道と異なって，誰でも自由に通行できるというわけではありません。通行するには，原則として通行する権利がなければなりません。もちろん，一般の第三者が私道を通行していることはよくみかけるところですが，これは，私道の所有者が黙認しているか，あるいは好意的に認めているために事実上通行しているだけであって，通行権があるからではありません。したがって，この場合，通行を拒否されれば，原則として通行できないことになります。

（3）　私道を通行する権利としては，公道に至るための他の土地の通行権（袋地通行権，囲繞地通行権，法定通行権，隣地通行権。以下「隣地通行権」という），通行地役権，賃貸借・使用貸借等の債権的通

行権，通行の自由権，慣習上の通行権，占有権，権利の濫用にもとづく反射的通行権，共有持分にもとづく通行権などが考えられます。これらの通行権は，必ずしも私道の存在を前提としているものではありませんが，実際上は，通行する場所は道路あるいは通路の形態をなしていることが多くみられます。

2　隣地通行権

　隣地通行権とは，公道（本来の公道の意義ではなく，一般に通行ができる私道も含まれ，平成16年の民法改正前は「公路」となっていた）に直接通じていない土地（袋地）の所有者が，その袋地を囲んでいる土地（囲繞地）を，その所有者の承諾を要しないで，公道まで通行できる権利です（民法210条1項・・・Q5参照）。この通行権は，民法上の相隣関係（相隣接する不動産相互の権利の行使を最小限で調節することによって，合理的な不動産の利用を図るもの）の一つとして社会経済的見地から，袋地の効用を発揮させるために，袋地の発生にともなって法律上当然に発生する権利ですが，無制限なものではなく，通行の場所および方法は，通行権者にとって必要であり，かつ囲繞地のためにもっとも損害の少ない場所を選ばなければなりません（民法

211条1項・・・Q9参照）。また，通行権者は必要に応じて通路を開設することができます（民法211条2項）。通行権者は，通行する囲繞地の損害に対して償金を支払わなければなりませんが（民法212条），共有地の分割または土地の一部譲渡の結果，袋地が生じた場合については償金を支払う必要はありません（民法213条・・・Q12, 13参照）。

このような隣地通行権は，たとえどんな細い通路であっても，すでに公道に通じている路さえあれば，常に袋地でないとするものではありません。公道に通ずる通路があっても，それがその土地の合理的な利用方法にとって支障があるときには，やはり隣地通行権が認められる場合があります（Q8参照）。また，公図上は公道があることになっていても，実際には他人が占拠していて通行が不可能な場合にも隣地通行権は認められるというべきでしょう。

なお，土地が池，沼，川，海，崖などに囲まれている場合も準袋地とされて，隣地通行権が認められます（民法210条2項・・・Q5参照）。

3　通行地役権

通行地役権とは，他人の土地を自分の土地のために通行の用に供することができる権利です（民法280条）。この場合の他人の土地を「承役地」といい，自分の土地を「要役地」といいます。この通行地役権は，要役地に従属する権利なので，要役地から分離することはできず，要役地所有権にともなって移転します（民法281条）。この通行権は主に設定契約（民法280条・・・Q19参照）あるいは時効（民法283条・・・Q22参照）によって取得する場合が多いといえます。取得した通行地役権は，登記をしておかないと，原則として第三者に対抗することはできません（民法177条・・・Q24参照）。

4　賃貸借・使用貸借等の債権契約による通行権

私道の通行は，その目的となる土地を借用する契約を結ぶことによっても可能です。対価を支払う場合が賃貸借契約であり（民法601条・・・Q26参照），対価をともなわない場合が使用貸借契約です（民法593条・・・Q27参照）。これらの貸借契約は，いずれも通行権者の通路に対する独占的な使用を認めることになるので，私道の共同使用をす

る場合には不適当であり，それを避けるためには，私道所有者その他の者の通行も可能な内容とする特別な債権契約を締結することになります。

5　通行の自由権

　公道の通行が妨害されたとき，その付近の住民に日常生活上さまざまな支障が生じます。そこで公道を自由に通行できる利益が確保されなければならないことになります。この通行の利益は，本来，国や地方公共団体が道路を提供するという公法関係からくる反射的なものですが，これを通行の自由権として認め，それが侵害された場合には民法上の保護を与えるべきだとする考え方が生まれてきました。

　この考え方によると，もし特定の個人がこの権利の行使を妨害されたときには，損害賠償の問題が生じ，さらに妨害が継続するときには，その排除を請求する権利を取得することになります。そこで，この考え方が私道の通行の場合にもあてはまらないかということです。私道の中でも，建築基準法上，特定行政庁（市町村長または都道府県知事）により道路位置の指定（Q30参照）を受けたものや，2項道路（Q32参照）は，その所有者に道路として継続的に確保すべき公法上の義務が課せられているので，その反射的効果として一般人も通行できるわけで，その限りでは公道とかわりはないことになります。そこで，建築基準法の適用を受ける私道については，人格権ないし人格権的権利の性格を有する権利という考え方で，通行の自由権を認める見解が大勢になってきました（Q37参照）。

6　慣習上の通行権

　隣地通行権や通行地役権が認められるには，それぞれ厳格な要件が定められています。しかし，現実の通行には，その要件にあてはまらなくとも，長年にわたって他人の土地を通行してきた結果，自然のうちに通路ができたようなケースもあります。そこで，そのような場合には，その通行を慣習上の権利として認めるべきではないかとの考え方があります（Q28参照）。

7　占有権

　占有権は，自己のためにする意思をもって物を所持することによって取得する権利です（民法180条）。ここにいう「所持」とは，目的物が社会観念上その人の事実的支配に属すると認められる関係であると説明されています。そこで，これを他人の私道の通行についても適用できるかということですが，単に他人の私道を数年間通行人として通行していただけでは，私道に対する事実的支配があったとはいいがたいでしょう。判例には占有権にもとづく通行権を認めた例もありますが（水戸地判昭54・7・18判タ398-136），原則としては否定しているとみていいでしょう（東京高判昭30・11・25東高民時報6-12-282）。

8　権利の濫用

　隣地通行権や通行地役権などの権利が積極的に認められないとしても，私道所有者がなす通行妨害行為を権利の濫用として排除できる場合があるとすれば（民法1条3項），その反射的効果として通行する権利が認められることがあります（東京地判昭45・1・20判時597-104）。もっとも，これは事実上の通行にすぎないとみる見解もあります。

9　その他

　このほか，日照侵害などの生活妨害事件におけるのと同じ法理で，生活権にもとづく通行権をいう見解もありますが，その内容は明確ではありません。なお，私道敷について共有持分を有する者は，その持分権により私道を通行できるのは当然です（民法249条1項）。

2 私道の確保

Q ABCDの4人で土地を出しあい私道を開設しようと考えていますが，どのようにしておけばよいのでしょうか？

A・・・・・

1 当事者間での確保

　私道敷は，交通の用に供せられた土地といっても，私人の所有する土地なので，その維持・管理は，その所有者の責任である反面，その処分も自由です。そして通行をめぐる紛争が生じた場合には，民法その他の実体法上の権利関係によって私人間の問題として解決が図られ，都道府県や市町村のような地方公共団体は介入してきません。したがって，数人が土地を出しあって私道を開設している場合でも，その関係者間で解決すべきことになります。そこで，共同開設した私道

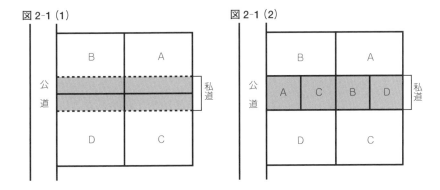

図 2-1（1）　　　　　　　　　図 2-1（2）

を道路として将来とも円滑・確実に確保していくための方策を講じておく必要が生じます。

（１）　通行地役権の設定

　ABCDが，図2-1(1)のように，互いに各自の所有地を要役地とし，他の者が提供する私道部分を承役地として，通行地役権設定契約を結ぶことです（Q19参照）。また，図2-1(2)のように，お互いに飛び地にして所有し，設定することも考えられます。

　通行地役権が設定されると，ABCDはお互いに私道に提供した土地部分について，他の3人の通行を受忍しなければならなくなり，そのため，私道上に物を置いたり，あるいは建築物を建ててはならない義務が生じ，もしそのような行為をする者があった場合には，その排除を請求することができます。

　通行地役権は，設定しても，登記をしておかなければ，原則として第三者に対抗できないとされているので（民法177条），たとえば，Dから土地を買ったEに対して効力を及ぼすためには，原則として登記をしておく必要があります（Q24参照）。なお，判例には，図2-1(1)のように，数人の者が特定部分の土地を出しあって開設した私道について，通行地役権設定につき，明示の合意が認められなくとも黙示のうちに設定されたと認められるとしたものがあります（東京高判昭32・6・17下民集8-6-1101，東京高判昭40・12・23判タ189-167・・・Q21参照）。

（２）　私道の共有

　私道を当事者の共有にしておくのも一つの方法です。それには，私

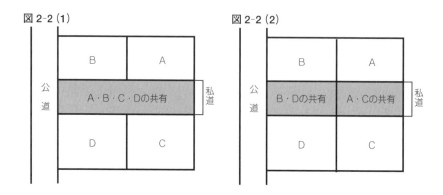

図2-2（1）　　　　　　　　　　　図2-2（2）

道敷全体を全員の共有にしておく場合と，私道敷の一部について一部の当事者の共有にしておく場合とがあります。図2-2(1)のようにABCDが私道全体の共有関係になるのが前者で，図2-2(2)のようにAとCがその私道負担部分を両者のみの共有にし，BとDが同じく各自の私道負担部分を両者のみの共有にするのが後者です。共有にしておけば，通行のために持分に応じて使用できる反面，私道の管理・変更・処分は各自が勝手にすることができないので（民法251条，252条），私道を確保することができるのです。なお，共有者の中に所在不明者などがいて，私道の変更や管理に支障が生ずる場合の対応策として，令和3年に所在不明者などの共有持分の取得（民法262条の2）や持分の譲渡（民法262条の3）などの制度が新設されました。

　一般に共有物の共有者は，いつでも共有物の分割を請求できるのが原則ですが（民法256条），共有私道の分割もこれと同じであるかどうかが問題となります。この点についての見解は分かれていて，私道の性質上分割の対象にならないとの考えもあります。分割と利用とを分けて考え，共有物の分割が直ちに利用の分割につながるものではないとするならば，共有私道による確保という目的に反しないものとして，分割が認められることになるでしょう。したがって，建築基準法上の道路位置の指定を受け，公法上の私道確保の規制がある場合には（Q30参照），分割を認めても差し支えがないことになります（東京地判平4・2・28判時1442-116，東京高判平4・12・10判時1450-81）。

　（3）　当事者間の協定

関係当事者の間で契約によって，私道の使用方法や管理などについて，あらかじめ協定をしておく方法もあります。これは特定の者の間におけるいわゆる債権契約なので，その内容を登記その他によってあらかじめ公示しておく方法はありません。したがって，その後に土地を取得したような第三者には原則として対抗することはできないので，売却の際に買主に協定の承継を条件にさせるなどの方法をとらなければ，実効性が低くなります。

（4）建築協定

建築協定といわれているものには，一定区域の住民がその良好な住宅地としての環境，または商店街の利便または維持・増進のために基準を設け，特定行政庁（市町村長または都道府県知事）の認可を受けないで私的に合意するものと，建築基準法上のものとがあります。前者は，前記の(3)の場合の一つですが，後者は，建築協定をなしうると定める市町村の条例により，一定区域について，その区域内の土地所有者，地上権者，賃借権者の全員の合意にもとづいて，その区域内（協定区域）の建築物に関する基準，すなわち建築物の敷地，位置，構造，用途，形態，意匠または建築設備に関する基準を設け，特定行政庁により認可を受けるもので（建築基準法69条，70条），その効力は協定者のみならず，それ以降に当該建築協定区域内の土地の所有権者等となった者にも及ぶことになります（建築基準法75条）。この建築協定の制度を利用して私道を建築制限の面から確保することができます（図2-3）。

2 公法的確保

私道は私人の所有なので，どうしても権利関係の衝突が生じ，紛争が起きやすくなります。そこで，私道を市町村などの地方公共団体の管理にまかせ，公道化してしまうことが考えられます。しかし，市町村が管理するとなると財政的負担が問題になるので，公道化には，土地の無償譲渡などが条件とされることが多くみられます（私道の法律問題〔第7版〕・712頁参照）。

私道について，建築基準法上の道路位置指定（建築基準法42条1項5号）を受けることも私道の確保に役立ちます。道路位置指定を受けれ

図 2-3

第12号様式(第23条・第25条関係)

建 築 協 定 認 可 申 請 書

下記のような建築協定を締結したいので、建築基準法第　条　第　項の規定により、関係図書を添えて、申請します。

年　月　日

東京都知事　　殿

申請者 住　所

氏　名

電　話　(　　)

法人にあつては、その事務所の
所在地、名称及び代表者の氏名

記

建築協定の概要	(1)	建築協定の名称						
	(2)	区域の地名地番						
	(3)	建築物に関する協定事項	建築物の敷地・位置・構造・用途・形態・意匠・設備に関する基準					
	(4)	有　効　期　間						
	(5)	違反があった場合の措置						

(6)	協 定 区 域 の 面 積			m²	(7)	協定区域隣接地の面積		m²
(8)	協定区域隣接地の地名地番							
(9)	用　途　地　域				(11)	用途・防火以外の地域・地区・区域		
(10)	防　火　地　域	防火・準防火・指定なし			(12)	敷地面積との比	%／	%

(13) 土地所有者等の人数	土 地 の 所 有 者	建築物の所有を目的とする		法第77条の規定による建築物の借主	合　　計
	[うち共有者]	地 上 権 者 [うち共同地上権者]	賃 借 権 者 [うち共同賃借権者]		
	(　　)人	(　　)人	(　　)人	(　　)人	(　　)人

(14) ※備　　　考	

※ 都受付欄	※ 建務所・支庁欄 築指付 導受	※ 市 受 町 付 村 欄

(注意)　1　※印のある欄は、記入しないでください。
　　　　2　(2)及び(8)欄は、仮換地として指定された土地の場合、仮換地の地名地番を記入してください。
　　　　3　(3)及び(10)欄は、該当するものを○で囲んでください。
　　　　4　(7)及び(8)欄は、協定区域隣接地を定める場合のみ記入してください。
　　　　5　記載欄に記入できないときは、別紙に記入してください。

(日本産業規格A列4番)

ば，その所有者であっても，その変更や廃止が制限され（**建築基準法
45条1項・・・Q36参照**），また，道路内の建築物の建築等が制限され
る（**建築基準法44条1項・・・Q35参照**）からです。

3 無償通行権と好意通行

 長年，他人が所有する私道を対価などを支払わずに通行して いますが，このたび所有者から，いままでは事実上通行を黙 認してきたが，今後は通行しないでほしいと言われました。通行 する権利はないのでしょうか？

A·····

1 問題点

　他人が所有する私道を無償で通行する場合には，通行権にもとづく 場合と，そうでない場合とがあります。通行権がある場合に，通行を 妨害されたときには，その妨害行為の排除を請求することができます （Q41参照）。通行権がない場合には，その通行は事実上のものであっ て，法的には保護されず，私道所有者から通行を拒否されれば，通行 できないことになります。ところで，実際の通行の形態をみると，対 価が支払われていないのがほとんどであり，しかも通行に関する特別 の合意や話合いがなされていることはまれです。無償で通行を認めて いる理由の多くは，隣人間の情誼ないし善隣友好にもとづくものでし ょう。ところが，いったん何らかの理由によってこの善隣友好関係が くずれ，通行が円滑にできなくなったときには，それまでの通行を何 らかの法的な権利として構成し，通行を確保しようとすることになり ます。そこでその通行が権利にもとづくものなのか，あるいは単なる 好意による通行なのかが問題となり，これをどう区別するのかという ことになります。

2 無償通行権の種類

　他人の私道を無償で通行できる権利としては，つぎのようなものが あります。

（1） 隣地通行権

公道に至るための他の土地の通行権（袋地通行権，囲繞地通行権，法定通行権，隣地通行権）は，相隣接する土地相互の利用関係を調節するために，袋地所有者に対し，その所有権の内容として囲繞地（袋地を囲んでいる土地）に対し，法律上当然に認められる通行権ですが，その反面として囲繞地所有者に犠牲を強いるものなので，原則として有償となります（民法212条）。しかし，共有地を分割したり，土地の一部を譲渡した結果，袋地が生じた場合には，その当事者間では事前に袋地ができることは当然に予測できたことであるし，そのような事情のもとでは，分割や譲渡に関係をもたなかった第三者に迷惑をかけるべきではなく，したがって，関係当事者の内部だけで処理すべきだとの考慮から，分割者または土地譲渡者の残余地のみを通行できることとし，この場合には，分割地や対価の中に囲繞地の受ける損害について，当然考慮が払われているとみなされて，無償ということになっています（民法213条）。

（2） 通行地役権

自己の土地（要役地）の通行のため他人の土地（承役地）をその目的に供することができる通行地役権（民法280条）が，有償か無償かについては，民法には規定がありません。そこで判例は無償に限っています（大判昭12・3・10民集16-255）。しかし，他人の土地を利用する以上，何らかの対価を支払うのは，現代の社会経済的見地からはむしろ当然です。したがって，通行地役権設定契約締結の際，対価について約定しなかった場合や，時効によって取得した場合（民法283条）には無償であるが，対価を支払うとの約定をした場合には有償となると考えるのが一般です。

（3） 債権的通行権

私道敷を使用貸借契約（民法593条）によって所有者から借り受けて通行する場合も無償通行権の一つです。この使用貸借契約は無償で，借主たる通行者は，その私道敷の利用権能を全部譲り受けることになります。そこで，同じ私道敷を同時に多数の者が無償で通行することや，土地所有者の利用を妨げない範囲で通行することを可能にするためには，使用貸借契約では適当でないので，それぞれの目的に従

った内容の，特別な通行に関する無償の債権契約を締結することになります（東京地判平25・3・26判時2198-87は私道使用契約の事例）。

（4）　通行の自由権

建築基準法上の道路とされる私道に対する第三者の通行は，交通を確保し，防災活動，災害避難に備えるために，一定の道路が確保されていなければならないという公益的要請にもとづいて，私道所有者が規制を受ける反射的利益として認められているものですが，その第三者の通行が，日常生活上必要不可欠のものになっているときには，その通行は，いわゆる通行の自由権として民法上保護されるべきであるという考えが一般的になってきました。そして，この場合の通行は無償であるとされています。

（5）　慣習上の通行権

慣習上の通行権が認められるべきかどうかについては議論がありますが，かりに認められるとした場合には，そのほとんどは無償でしょう。

（6）　権利の濫用にもとづく反射的通行

私道所有者の通行を妨げる行為が権利の濫用となり，その妨害排除請求ができる結果，この反射的効果によって通行できる権利ないし利益が生じた場合の通行権も無償です。

3　好意通行

好意通行とは，権利にもとづかない事実上の通行という意味で使用されています。好意といっても別段，道義的意味が含まれているものではありません。

無償の私道通行が，無償の通行権にもとづくものなのか，あるいは好意通行であるかの区別は，具体的，個別的に判断されるべきことですが，それは通行権訴訟において，前記のようなさまざまな無償の通行権が主張された場合に，裁判所がその主張を排斥し，どのような事情にもとづいて事実上の通行であると認定しているかを探ることによってある程度，判断の方向をうかがうことができます（私道の法律問題〔第7版〕・38頁参照。なお，京都地判平6・5・26判時1542-108参照）。その事情とは，

①対価が徴収されていないこと，

②通行に関して書面がなく黙認している状態であること，

③通行している者に隣地所有者あるいは利用者であること以上に実質的な利害関係が認められないこと，

④通行地が空地の状態にあること，

⑤通行権の対象となる隣地が他に存在する場合であること，

などですが，これらを全部そなえていなければならないということではありません。なお，長期間にわたる通行であっても，権利性が認められず，好意通行であると認定されている場合も少なくありません。

4 好意通行の具体例

下級審の判例の中から好意通行と認められた事例（札幌地判昭50・12・23判タ336-303）をみてみましょう。

図3-1の一帯の土地は，もとAらの共有で，Aらは甲地，乙地，丙地などに区画して賃貸し，Yは乙地を賃借しましたが，その当時の丙地の賃借人Zは，甲地のb通路（幅約80cm）を通って南側の公道に出ていたほか，乙地上のa通路（幅約2m）をも通って北側公道にも出ていました。その後Aらは甲・丙地（一筆の土地）のほか二筆の

図 3-1

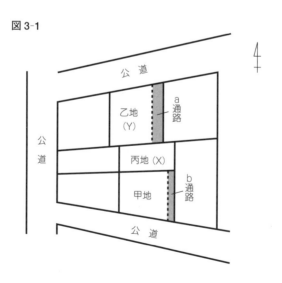

土地は自己所有にとどめて，その余の乙地などをそれぞれの賃借人に売却し，その売却にあたっては，Ａらは乙地につき，Ｙとの間で特に現状のままでこれを売却する旨を特約しました。その後Ａらから丙地を新たに賃借したＸは，同地上に建物（未登記）を所有するようになったが，Ｘが丙・甲地（第三者に賃貸してある）の境界部分に塀を設置したため，現在では南側の公道に出ることは事実上不可能になったところ，Ｙがａ通路上に板塀付木柵を設置して通行を妨害したので，Ｘが通行地役権や隣地通行権にもとづいて，妨害排除請求の訴えを起こした事案です。

裁判所は，Ａらは，現状のままという特約で売却したけれども，その趣旨は，売却にあたり，公簿上の面積と実測面積との差から生じる紛争を防ぐ必要性からであり，また，ａ通路の西側部分は当時Ｙ方の畑として利用され，また東側には隣地所有者の物置が1.30ｍほどはみ出して建築され，その後収去されていることが認められるので，丙地の従前の賃借人Ｚが北側公道に出るために通っていたａ通路は，通路として施設されていたものではなく，空地状の部分を便宜上通行していたにすぎなかったものであることが明らかであり，しかも，通行地役権設定契約書を作成したことも，償金を定めたこともなく，丙地にとり公道に出るためにはａ通路部分の通行は必ずしも必須のものではなかったとして，通行地役権の成立を認めませんでした。

また，通行地役権の時効取得については，単に空地部分を便宜上通行していたにすぎないので認められないとし，隣地通行権についても，Ｘの土地賃借権に対抗力がないこと，およびそもそもＸと甲地の賃借人との相互間で同一の所有者を通じて土地利用の調整が可能であるので袋地には当たらないとして，これも否定しました。結局，結論として好意通行であるとしたのです。

4 通行権と対価

Q 他人の私道を通行させてもらおうと思いますが，通行料のような対価を支払わなければなりませんか。その場合どのくらいの額が適当でしょうか？

A・・・・・

1 通行権と対価

　他人の土地に対し通行権を有する場合，必ずしも常に対価を支払わなくてはならないというものではありません。無償による通行権が認められる場合もあります（Q3参照）。法律上通行権者が対価を支払わなくてはならない場合としては，公道に至るための他の土地の通行権（袋地通行権，囲繞地通行権，法定通行権，隣地通行権。以下「隣地通行権」という），通行地役権，賃貸借による通行権などが考えられます。

2 隣地通行権
（1） 償金支払義務

　隣地通行権は，袋地所有権の内容として法律上当然に発生するものなので（民法210条），その反面，囲繞地（袋地を囲んでいる土地）の所有者に不利益を強制するものとなって，損害を与えることになります。そこで法は，それを調節するために，隣地通行権の場所および方法は，通行権者のために必要にして，かつ囲繞地のために損害のもっとも少ないものを選ぶことを要するとしている（民法211条1項）ほか，通行権を有する者は，民法213条の共有物分割あるいは土地の一部譲渡に該当する場合（Q12，Q13参照）を除いて，通行地の損害に対して償金を支払わなければならないとしています（民法212条）。

　なお，一時的に隣地通行権者がその権利を行使しない時期があったとしても，それにより償金の支払い義務が免除されるものではありま

せん。

（2） 償金の性質

　隣地通行権者が支払うべき償金には，通行のために隣地通行権者の行為によって現実に発生した損害に対する賠償の性質をもつものと，囲繞地通行の対価，つまり，通行によって何ら積極的な損害が生じなかったとしても，他人の土地を無償で通行することによって，その他人が受ける損失をも含むとされています。後者がいわゆる通行料ですが，不当利得返還（民法703条）の性質をもつものです。

（3） 償金の種類

　隣地通行権者が囲繞地所有者に対して支払うべき償金には2種類あり，①通路を開設する際に舗装したり，建築物や竹木などを除去したために生じた損害については一時金として支払わなければなりません。②それ以外の損害，たとえば継続的に土地を通行するために，その土地が使用できなくなることにより生ずる地価の下落とかは，一時金として支払う方法のほか，1年ごとの定期金払いの方法も認められます（民法212条）。

（4） 償金の額

　損害賠償の性質をもつ償金については，その実損額となりますが，通行料の性質をもつ償金については，特に定めはありません。実際には，その土地に課せられる固定資産税の額や，賃料相当額を考慮して，1年あるいは1か月ごとの支払額が定められることになるでしょう。この場合は借地借家法の規定を類推して，事情の変更にもとづく金額の増減を認めるべきでしょう。

（5） 償金の不払い

　隣地通行権者が，その支払うべき償金の支払いを怠った場合，囲繞地の所有者は，それを理由に通行権の消滅を主張し，通行を拒否することができるかという問題があります。しかし，隣地通行権は，直接公道に接していない袋地に対し，社会経済的見地から，その利用を可能にするという公益的要請により，法律によって特に認められたものであって，償金の支払いを条件として存在するものではありません。したがって，いったん生じた隣地通行権は，単なる償金の不払いということのみでは消滅せず，囲繞地所有者は通行を拒否することはでき

ません（宇都宮地栃木支判昭55・4・10判時1016-64）。囲繞地所有者としては，不払いになっている償金の支払いを請求できることのほか，特に何か支払いの履行について約定がしてあれば，その責任を追及することはできます。

3　通行地役権

（1）　通行地役権と対価

　一般に地役権が対価をともなうかどうかについては，民法は規定していません。したがって，通行地役権の必要不可欠の要件として，地役権者が被通行地である承役地の所有者に対して通行の対価を支払わなければならないということにはなりません。そこで判例は，地役権の内容としては無償であるといっています（大判昭12・3・10民集16-255）。

　それでは，通行地役権者は常に対価を支払わなくともよいのかということですが，通行地役権の存在が，承役地の所有者に不利益を与えていることは明らかですし，また，承役地に税金が賦課されている場合も多く，したがって，無償でなければならないとすると，実際上，自己の所有地を承役地として提供する者はほとんどいなくなるでしょう。また，隣地通行権が原則として有償であることとバランスを欠くことになります。これらのことからみても，無償でなければならないとする合理性はなく，通行地役権は有償でも無償でもかまわないというべきでしょう。前記の判例も，別に債権契約として対価を支払うことを約定することは認めており，下級審の判例には，地役権設定契約における対価の支払いがあったとするものがあります（東京地判昭48・8・16判タ301-217）。ただ無償でも地役権は成立するので，有償とするには，当事者が設定契約を締結する際，対価の支払いを約定したときに限りその地役権は有償のものになるというべきでしょう。なお，時効により取得された通行地役権は無償です（東京地判昭48・11・30下民集24-9～12-876）。

（2）　対価の額

　対価の定め方については，一般的な基準はありません。具体的な金額を定めるにあたっては，承役地の賃料相当額や，固定資産税の額などを参考にし，当事者間で協議して定めることになるでしょう。

（3） 支払い方法

支払いの方法についても，当事者の協議によることになり，設定契約締結の際，一時金として支払う方法（東京地判昭48・8・16判タ301-217），分割金として支払う方法（東京地判昭62・1・12判時1264-70），定期的に毎年または毎月支払う方法，設定契約の際ある程度のまとまった金額を支払い，その後も定期的に対価を支払っていく方法，などが考えられます。定期払いの場合は，借地の地代と同じなので，一度金額を定めてもその後の経済事情の変動により，金額の増減の問題が生じます。

（4） 対価の不払い

定められた対価の支払いを地役権者が怠った場合，承役地の所有者が，その金員の支払いを請求することができることは当然ですが，問題は不払いを理由に通行地役権を消滅させることができるかということです。地役権設定契約の際，対価の不払いを原因とする地役権の消滅を特約しておけば，契約当事者間においては，約定の消滅事由が発生したということで，通行地役権は消滅すると解せられますが，それ以外の場合について学説は，地上権，永小作権の定め（民法266条，276条）に準じて，2年以上の支払い遅延がないかぎり，通行地役権の消滅を請求できないと解しています。

４　賃貸借による通行権

通行する土地を賃貸借契約によって賃借する場合には，その対価として賃料を支払うことになります（民法601条）。その賃料の額については，やはりその土地の賃料相当額や，固定資産税の額などを参考にし，当事者間で協議して定めることになるでしょう。支払いは原則として定期払いになり，経済事情の変更による賃料の増減請求が認められることになるでしょう。

賃料の支払いを怠れば，債務不履行として契約を解除されることになります。

なお，対価を支払っていても，通行する土地を排他的に利用していない場合（賃貸人や他人も共同して利用している場合）には，賃貸借による通行権というよりも，特別の債権契約にもとづく通行権というべきでしょう。

5 隣地・準隣地通行権

 こんど買った土地は袋地です。どこを通って道路に出られる
のでしょうか。また，準袋地とはどういうものをいうのです
か？

A・・・・・

1 隣地通行権の要件

　民法210条は，「他の土地に囲まれて公道に通じない土地の所有者
は，公道に至るため，その土地を囲んでいる他の土地を通行すること
ができる。2　池沼，河川，水路若しくは海を通らなければ公道に至
ることができないとき，又は崖があって土地と公道とに著しい高低差
があるときも，前項と同様とする。」と定めていますが，これは他の
土地（囲繞地）に囲まれた土地（袋地）あるいは池，沼，河，海など
に囲まれまたは崖などで公道（本来の公道の意義ではなく，一般に通
行ができる私道も含まれ，平成16年の民法改正前は「公路」となっ
ていた）と著しい高低差がある土地（準袋地）について，その所有者
に対し，必要最小限度で隣地を通行して公道に出る権利を認めたもの
です。これを公道に至るための他
の土地の通行権（袋地通行権，囲
繞地通行権，法定通行権，隣地通
行権。以下「隣地通行権」とい
う）といいます。これは社会経済
的見地から，袋地，準袋地の効用
をまっとうさせるために，袋地，
準袋地の発生によって，囲繞地に
対し，法律上当然に生ずる権利で
あり，囲繞地所有者の承諾を要す

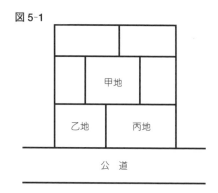
図 5-1

るものではありません。

　図5-1の甲地の場合が袋地の典型的なものですが，甲地から公道に出るについて，囲繞地である乙地と丙地のうちどちらのどの場所を選ぶのかは，通行権者のために必要にしてかつ囲繞地のためにもっとも損害の少ないものを選ばなくてはならないとされており（民法211条1項），それは具体的，個別的に判断されることになります（Q9参照）。

2　通路の不存在

　図5-1のようにまったく通路がない場合に隣地通行権が発生することには問題はありませんが，すでに通路はあるが，幅員が狭く，袋地を利用するには不適当である場合については問題が生じます。この場合，通路がある以上袋地ではないとみるか，あるいは土地の形状，面積，用途などからみてその土地に相応した利用をするためにはその通路は不十分である場合には，なお袋地として隣地通行権を認めるか，ということです。現在の考え方は，後者になっています。しかし，その土地の用法に従った利用ができないとして袋地性を認めるとしても，建築基準法上の規制との関係や自動車通行の能否との関係では問題があります（Q6，Q7参照）。

　すでに通路があっても袋地と認めた有名な判例があります（大判昭13・6・7民集17-1331）。事案は，図5-2のようにYは乙山林を所有して石材の採取をしており，他方，Xは乙山林に隣接する甲山林を所有していたところ，Yが既存のb山道では傾斜が急で石材を搬出できないとして，甲山林中のa山道を通って石材を搬出していたため，XはYに対し，a山道への立入禁止を求めたというものです。

　裁判所の判断は，民法が隣地通行権を認めたのは，公益的見地により袋地の利用を図る目的からであるから，たとえ公道に通ずる通路があっても，それが自然の産出物を搬出することができないような地勢の場合には，その搬出に必要な限度にお

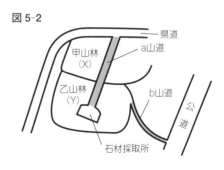

図 5-2

いてなお囲繞地を通行できるというものです。つまり，Yの主張を認めa山道に対する通行権を認めたのです。

なお，既存通路の幅員を問題とせず，その通路に対する通行権原がない場合には，やはり袋地であるとしている下級審の判例がありますが（東京地判昭56・1・28判時1009-80，東京高判昭56・8・27判時1016-62），学説の多くは反対しています。

3 袋地の他人性

袋地といえるためには，その土地が他人の土地に囲まれている状態でなければなりません。同一人の所有土地から公道に出られる以上，それが数筆に分かれていても袋地ではありません。図5-1でいうと甲地と丙地が同一人の所有であれば，甲地は袋地ではないということです。判例も，もともと別筆であっても同一人の所有であれば袋地ではないとし（最判昭43・3・28判時516-39），また，分筆されただけでは袋地とならないとしています（最判昭44・11・13判時582-65）。なお，同一人の所有であるかどうかは，単に名義だけで判断するのではなく，実質的な権利の帰属によって判断すべきでしょう。

4 準袋地

準袋地のうち，問題が多いのは，土地に高低差がある場合の準袋地の認定です。公道との間に著しい高低差がなければ準袋地とはなりませんが，その判断は，その土地の位置，形状，公道に至るための階段あるいはスロープ等の設置の難易度，その費用，その工事によって当該土地が土地利用の面で被る影響その他諸般の事情を考慮して，社会通念に従って個別的に決めるほかありません。

下級審の判例には，公道との高低差が3.8m以上あるものについて，階段を設置できるとして準袋地ではないとしたものがあります（東京高判昭54・5・30判タ389-81）。事案はつぎのようなものです。

住宅地で全体が高台になっていて，住宅地と公道との間に高低差があり，Xは買い受けた図5-3の甲地（北側は公道に接しているが，3.8mから5.6mの崖となっており，その他三方は他人の土地に囲まれている）に住居を建築するについては，北側公道に接して階段を設け，

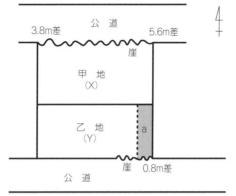

図 5-3

そこから出入りすることにして建築確認を得ていました（なお，付近の住宅はほとんどすべて階段あるいはスロープを設けて，その土地に接する公道に出入口を設けている状況でした）。しかし，Xは地形上便利な南側公道への出入口として玄関も南側に設置し，当時空地であった乙地の東端（a部分）を通路として利用していました。その後，乙地を買い受けたYは，Xが甲地の北側に階段を設けるべきことおよび乙地のa部分を通路として利用することを断る旨を申し入れ，さらにYは，乙地上に建物を建築する際にはXの通行を事実上阻止するようになりました。そこでXは，甲地は準袋地であるとして隣地通行権の存在確認訴訟を起こし，第一審は勝訴しましたが，第二審は，前記のように階段が設置できるとして準袋地であることを否定しました。

　このほか下級審の判例で準袋地であるかどうか問題となったものとして，2.5ｍの高低差につき階段あるいはスロープなどを設置することは困難ではないので，準袋地ではないとした事例（鹿児島地判昭60・11・15判タ585-63），高低差が3.4ｍないし約4ｍの土地につき，相応の出費をともなう工事により階段を設置することが不可能ではないから準袋地ではないとした事例（横浜地判昭62・11・12判時1273-90），公道との間に3ｍの高低差のある土地について準袋地とした事例（東京地判昭57・3・15判タ475-117），県道との間は崖地になっていて10ｍ以上の高低差がある土地について準袋地とした事例（高松高判平26・4・23判時2251-60）などがあります。

6 隣地通行権の幅員

Q 袋地から公道に出るまで，隣地を通行できるということですが，通路の幅員はどれくらいまで認められているのですか？

A・・・・・

1 通路の幅員の決定基準

　他人の土地を通行する権利が，設定契約による通行地役権や賃貸借などの債権契約にもとづく場合には，通路の幅員は，その契約によって定められることになります。もしその範囲が契約上明示されていなくとも，契約の目的から合理的に解釈して決定することが可能です。時効によって取得する通行地役権については，通路として開設された事実および通行していた事実からその幅員が決定されますが，その範囲は通行の目的を達するのに必要であり，かつ承役地所有者にとってもっとも負担の少ない限度にとどまるべきでしょう。

　これに対し，公道に至るための他の土地の通行権（袋地通行権，囲繞地通行権，法定通行権，隣地通行権。以下「隣地通行権」という）は，法律上当然に発生する権利であり，このため囲繞地（袋地を囲んでいる土地）の所有者に不利益を強いることになるので，民法は，この場合の通行の場所および方法は，隣地通行権者のために必要であり，かつ囲繞地のために損害のもっとも少ないものを選ぶことを要するとしています（民法211条1項）。したがって，袋地利用のための必要最小限度のものである人の歩行による通行に必要な幅員は当然認められますが，それ以上になると問題が生じます。単に袋地所有者の主観的な必要性から決められるべきではなく，従来の袋地および囲繞地双方の利用の目的および利用状況，社会経済的な必要性の有無，関係者の利害得失，通行に関する合意の有無，場所的慣行などを考慮して，客観的，合理的に判断されなければなりません。当事者間で決め

表6-1

幅　　員	判　　　　例	既設・新設の　　　　別	建築基準法の　考　慮	自動車通行の　考　慮
0.363m（既存を合わせると2m）	横浜地判昭61・12・23判時1232—141	既設—拡張	肯定	
0.47〜0.58m	松山地判昭58・4・27判時1088—124	既設		
0.5m（既存を合わせると1m）	東京高判平11・12・22判時1715—23	既設	否定	
0.61〜0.88m	東京地判昭56・1・28判時1009—80	既設		
0.85m（2.8尺）	東京高判昭37・1・30下民集13—1—104	既設		
0.85〜1.8m	東京地判昭53・11・29判タ380—88	既設		
0.90m（3尺）	東京地判昭37・10・3判時316—19	既設		
〃	東京高判昭52・6・13判時863—59	既設	否定	
0.90〜1.21m（3〜4尺）	東京地判昭32・12・20下民集8—12—2386	既設		
1m	東京地判昭47・3・24判時678—62	既設—縮小		否定
〃	名古屋地判昭59・12・7判タ550—206	一部新設	否定	
1.06〜1.45m	東京地判昭57・4・28判時1057—77	既設—縮小		
1.10〜1.20m	東京地判昭41・5・23判時450—30	既設		
1.1〜1.8m	東京地判昭62・5・27判時1269—89	既設		
1.15〜3.44m	東京高判昭48・3・6判時702—63	既設		
1.20m	大阪地判昭51・12・15判タ352—275	既設—縮小		
1.21m	熊本簡判昭39・3・31判時371—56	既設	否定	
〃	東京地判昭39・6・30判時388—39	既設	否定	
1.27〜1.57m	松山地判平9・9・29判時1649—155	既設		
1.3m	東京地判昭38・9・9判タ156—91	既設—縮小		
〃	東京地判昭50・4・15判時798—55	既設	否定	
〃	東京地判平2・4・24判時1366—60	既設—縮小		
1.32〜1.37m	東京地判昭56・8・27判時1024—78	既設		
1.5m	東京地判昭48・5・14判時721—40	既設		
1.71m	東京地判平2・2・27判時1366—65	既設		
1.8m	東京地判昭52・2・25判タ360—213	既設		
1.81m（6尺）	渋谷簡判昭38・6・24判時350—34	既設		
2m弱	東京地判昭39・2・1下民集25—2—187	既設—拡張	肯定	
〃	大阪地岸和田支判平9・11・20判タ985—189	既設		否定例外あり
〃	東京地判平15・3・25公刊物未登載	既設		否定
2m	甲府地判昭38・7・18下民集14—7—1458	新設	肯定	肯定
〃	東京地判昭38・9・4判タ152—85	新設	否定	
〃	米子簡判昭42・12・25判時523—72	不明	肯定	肯定
〃	仙台高秋田支判昭46・3・10民集26—3—492	新設		農業用機械を考慮
〃	最判昭49・4・9裁判集民事111—531	既設—縮小	肯定	
〃	名古屋地判昭56・7・10判時1028—88	既設		
〃	浦和地判平5・10・29判時1511—118	既設	肯定拡張否定	
〃	東京高判平7・3・14東高民時報46—1〜12—7	既設—拡張		
〃	大阪高判平10・6・30判タ999—255	新設	肯定	肯定

幅員	判　例	既設・新設の別	建築基準法の考慮	自動車通行の考慮
2m（既存を合わせると4m）	東京高判昭59・4・24判タ531—158	既設	否定	肯定
約2m	福岡高判昭58・12・22判タ520—145	既設		肯定
2〜4m	東京地判昭44・10・15判時585—57	既設	否定	肯定 車種制限
2.07m	東京地判昭44・3・29下民集20—3〜4—160	既設		
2.17m	大阪高判昭55・5・30判時981—81	既設	肯定	
2.28m	東京高判昭34・8・7高民集12—7—289	既設		
2.3m	岡山地判昭49・12・26判時787—97	既設		
2.44m	山口地徳山支判昭52・12・13判時894—103	既設	肯定	肯定
2.5m	広島地判平元・8・30判時1410—83	既設	肯定	
2.6m	東京地判昭55・2・18判時977—80	既設		
2.67m	東京高判昭50・1・29高民集28—1—1	既設		肯定 車種限定
2.80〜4.35m	東京高判昭56・8・27判時1016—62	既設		
3m	東京地判昭56・1・30判タ453—113	新設	肯定	
〃	東京地判平11・7・27判タ1077—212	既設—拡張	肯定	
3m（間口）	名古屋地岡崎支判平8・1・25判タ939—160	新設	肯定	
3.16m	東京高決昭43・7・10判時535—60	既設		否定
3.5m	福岡地久留米支判昭48・1・16判時716—77	既設		肯定 徒歩通行否定
〃	福岡高判昭48・10・31下民集24—9〜12—826	既設		肯定
〃	大阪地判昭57・8・13判タ486—110	既設		肯定
4m	東京地判昭41・5・23判時450—30	既設		
〃	東京高判昭40・5・31下民集16—5—956	既設	肯定	肯定
〃	東京高決昭52・3・7判時855—70	新設	肯定	
〃	奈良地判昭55・8・29判時1006—90	既設		肯定
〃	東京地判昭57・4・28判時1051—104	既設		肯定
〃	東京高判昭62・6・3東高民時報38—4—6—42	既設		
〃	東京地判平3・1・29判時1400—33	既設		
4〜6m	名古屋地判昭40・10・16判時450—41	既設		
4〜7.9m	岡山地倉敷支判昭50・2・28判時794—99	既設		肯定
4.5m	大阪地判昭52・5・27判タ365—300	既設—縮小	否定	肯定 運転操作制約
5〜6m	東京地判昭52・5・10判時852—26	既設	肯定	肯定
5.5m	大阪地判昭48・1・30判時721—70	既設		肯定
22m	東京地判昭40・12・17訟務月報11—12—1757	既設		肯定
約20㎡の範囲	東京高判平19・9・13判タ1258—228	新設		肯定

（幅員を認定しているもののみ）

られない場合は，結局裁判所に判断してもらうことになります。

　具体的な状況のもとにおいて，裁判所によって認められた隣地通行権の幅員は，表6-1のとおりですが，1m前後から2m前後の例が多く，それも既存の通路の幅員をそのまま現状維持的に認定しているも

のがほとんどです。狭い幅員を拡張して認めた事例は例外的なものです。

2　建築基準法と幅員

　隣地通行権の幅員の範囲を決めるについて，もっとも問題になるのは，建築基準法の規定との関係です。建築基準法によれば，都市計画区域内において建築をする場合，特別の場合を除いて建築物の敷地は原則として幅員4m（指定区域においては6m）以上を有する道路に2m以上接していなければならないとされ，さらに地方公共団体は，その地方の実情により，条例をもってそれ以上の制限を設けることができるとされています（**建築基準法42条，43条・・・Q33参照**）。そして，この基準を充たさない建築物については，建築確認がなされないことになり，もし建築が強行されたときには，特定行政庁（市町村長または都道府県知事）は，工事の停止，建築物の除却命令などを発することができ，この命令に従わない場合には，行政代執行法によって，違反建築物の収去ができることになっています（**建築基準法9条**）。したがって，袋地に建物を建築する場合には，別に幅員4mの道路を開設するか，あるいは建築基準法上の道路に接する幅員2m以上の路地状敷地（**Q38参照**）を設けなければならないことになります。そこで，この建築基準法の規定を根拠に，これに適合するだけの幅員が認められるかどうかが問題となります。

　学説は，袋地の有効な利用を促進する見地から，あるいは法秩序全体の統一性を図る立場から，建築基準法の規定は通路の幅員を決定する際に考慮されるべき事情の一つとなるとするのが多数説です。もっとも，最近は，二者択一ではなく，償金の支払いを条件として考慮すべきではないかとの考え方も出てきました。

3　最高裁判所の判例

　この点につき，最高裁判所の判例につぎのようなものがあります。

図6-1

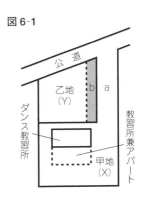

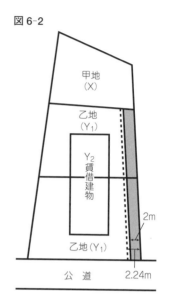

図6-2

　図6-1のX所有の甲地は幅員2.2mの路地状部分（a部分）によって公道に接し，その敷地にダンス教習所を建築所有しており，その既存建物を利用する限りにおいては何ら支障はないところ，こんど新たにダンス教習所兼アパートを増築しようと計画したが，そのためには東京都建築安全条例3条の規定により，前記路地状部分は幅員が3m以上ないと建築確認がおりないため，隣接するYの所有地乙地に対して幅員72cm（b部分）の通路拡張を，隣地通行権を根拠に求める訴訟を提起した事案です。

　原審は，Xは既存建物により所有地を利用しているから土地の利用がまったくできないものではなく，他方乙地はバス折返し操車場として利用されており，少しでもその使用を制限されると，事業の遂行および保安上多大の障害が生ずるとしてXの主張を排斥しました。これに不服なXが上告したのに対して，最高裁判所は，隣地通行権と建築基準法令の規定とは別個の問題だとして，建築基準法令所定の幅員に欠けるとの理由で建築基準適合の確認をしてもらえないというだけでは，隣地通行権は成立しないとしました。つまり，建築基準法令上の規定は，隣地通行権の幅員を定めるうえにおいての根拠とはならないとしたのです（最判昭37・3・15民集16-3-556）。

　しかしその後は，建築基準法の規制を考慮にいれられる可能性を示唆したもの（最判昭43・3・28判時516-39）や，通路の幅員について建築基準法所定の基準を判断資料とすることができるとしたもの（最判昭49・4・9裁判集民事111-531）が出ています。もっとも，後者は，図6-2における袋地である甲地の所有者Xが，既存の幅員2.42mある通路を通行していたところ，囲繞地乙地の所有者Y₁からその地上建物を賃借していたY₂がこの通路上にビニール製屋根付車庫を設置し，自動車を駐車させてXの通行を妨害したので，Xが建築基準法上の接道義

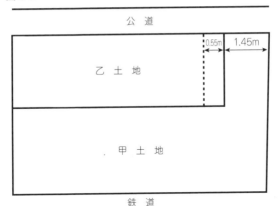

図6-3

務を根拠に2mの幅員の通路の通行権を主張したものであって，事案としては通行を確保するために現状維持的（むしろ現状縮小）に建築基準法の規定を援用したものであり，袋地所有者が積極的に援用した場合ではないことに注意すべきでしょう。

　このように，最高裁判所の判例の立場は必ずしも確立しているとはいえない状況が続きましたが，平成11年に再び先の昭和37年の見解を維持し，補強した判断を示すに至りました（**最判平11・7・13判時1687-75**）。

　事案は，公道に1.45mでのみ接する甲土地の上に建築基準法が施行される以前から存在した建物が老朽化したために取り壊されたが，その当時甲土地に隣接し右公道にも接する乙土地は，すでに同法の規定が適用される建物の敷地とされていたなどの事実関係のものです（図6-3）。この場合について，最高裁判所は，甲土地の所有者が新築するために，同法43条1項本文所定の2mのいわゆる敷地の接道要件を満たすべく，足りない0.55mにつき，それを隣接する乙土地に対する隣地通行権として主張することは認められないとしたのです。したがって，最高裁判所の消極に解する態度がより明確になったといえるでしょう。

7 自動車通行と隣地通行権

Q 袋地に住んでいますが，こんど自動車を買いました。公道まで自動車で出入りすることは差し支えありませんか？

A・・・・・

1 隣地通行権と自動車通行の可否

（1） 袋地所有者あるいは利用者に認められている公道に至るための他の土地の通行権（袋地通行権，囲繞地通行権，法定通行権，隣地通行権。以下「隣地通行権」という）は，袋地の効用をまっとうさせるために，公道まで他人の土地（囲繞地）を通行できる権利ですが（民法210条），これは相隣接する土地の利用を最小限度で調節するために，法律上当然に発生するとされているものであり，その内容とし

て囲繞地所有者に不利益をもたらす性質をもつものです。そこで法は、その通行の場所および方法は、隣地通行権者のために必要にして、囲繞地のために損害がもっとも少ないものを選ばなければならないとしています（民法211条1項）。したがって、通行権である以上、少なくとも隣地通行権者が歩行により通行する程度の幅員が確保されるべきであることは当然としても、それ以上に、自動車による通行が可能なような幅員まで保障されるかというと問題があるでしょう。

（2）　たしかに現在の社会状況においては、日常生活上、自動車による通行はごく当然のことになっており、また、緊急の場合の消防車、救急車や屎尿汲取車などの通行の確保の要請もあります。しかしながら、隣地通行権は、もともと囲繞地所有者の犠牲のうえに認められている権利で、しかも最近の市街地においてみられるように土地の細分化がなされている状況のもとでは、通路に土地の多くを割かねばならないことは損害が大きく、また、自動車通行自体による危険も大きいものと考えられるので、自動車による囲繞地の通行が、隣地通行権の当然の内容となるとはいえません。一般に、隣地通行権の通路は、袋地のその地域における位置と、袋地の利用方法の妥当性などを考慮し、関係者の受ける利益、不利益を比較衡量して、社会通念に照らして具体的に定めるべきだとされています（東京地判昭38・9・9判タ156-91）。したがって、自動車による通行も、一般的にその可否を論ずるべきではなく、具体的、個別的にその袋地の利用方法がその地域において妥当なものであるかどうかを判断し、さらに関係者に与える影響を考慮して、その袋地を利用するにあたり、自動車による通行が必要ということになれば、当該隣地通行権には自動車による通行も含まれる、ということになるでしょう。

（3）　このように考えると、既存の通路の幅員が広く、自動車の通行も差し支えない場合には、自動車による通行も隣地通行権の内容となりえますが、市街地における既存の通路が狭い場合には、自動車による通行は、隣地通行権の内容とはならないということになります。

（4）　その後、最高裁判所は下級審の判例を集約したかたちで、自動車通行を前提とする民法210条1項の隣地通行権の成否およびその具体的な内容を判断するために考慮すべき事項として、囲繞地につい

て自動車による通行を認める必要性，周辺の土地の状況，自動車通行を前提とする民法210条1項の通行権が認められることにより，囲繞地所有者が被る不利益等の諸事情を総合考慮して判断すべき，としています（最判平18・3・16民集60-3-735）。

2　具体例

　隣地通行権にもとづいて自動車による通行が認められるかどうかについての下級審の判例は，具体的事案によってさまざまに分かれています（Q6の表6-1および私道の法律問題〔第7版〕・142頁参照。なお，最近のものとして，高松高判平26・4・23判時2251-60は認容例参照）。

（1）　自動車による通行を認めなかった事案

　X所有の図7-1の甲，乙，丙，丁の各土地は，南北に走る国道と，東西に走る2本の公道とに囲まれた区画の中ほどに位置しているところ，国道に出るためには，A所有のa，B所有のb，C所有のc，Y所有のdの各土地からなる本件私道を通行しなければならない関係にあります。Xは甲ないし丁の土地上に鉄筋コンクリート造り3階建ての建物を建て，事務所兼倉庫として使用することを計画し，本件私道を自動車で通行するつもりであったところ，私道所有者のうち，AないしCはXの自動車通行に反対していませんが，Yは異議を述べて本件私道と国道との境界付近に自動車通行止めの木杭2本を立ててコンクリートで固め，Xの自動車による通行をできなくしました。そこでXは，Yを相手として，裁判所に対し，自動車による隣地通行権を有することを認め，その通行を妨害してはならない旨の仮処分申請をしました。

　これについて一審は申請を却下したので，Xが抗告をしたのに対し，東京高等裁判所は，本件私道の幅員は3.63mとされているが，

図7-1

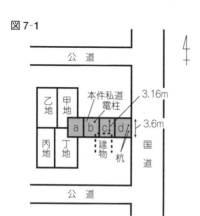

両側からはみ出している建物部分や電柱などによってその実効幅員が3.16mにすぎないことからすれば，Xが自動車で通行することによってYらが被る損害が大きいことは明らかであるとして，本件私道を自動車でXが通行することはXの隣地通行権の内容とはならない，としました（東京高決昭43・7・10判時535-60）。

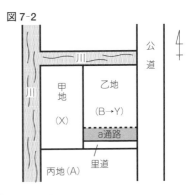

図7-2

（2） 自動車による通行を認めた事案

Xは，図7-2の甲地を所有していますが，その北側および西側は幅1間の川に，南側はA所有の丙地に，東側はB所有の乙地に囲まれていました。甲地から公道に出る方法としては，南東側に幅2尺の里道がありますが，狭すぎるため，XとBとの間で乙地の南部分約20坪についてa通路が開設されて通行地役権が設定されていました。

その後a通路を含む乙地がBからYに譲渡され，Yがa通路上に建物などを建てようとしたので，XがYに対し，通行地役権や隣地通行権の確認を求めて訴訟を起こしました。一審は通行地役権を認めたのですが，二審の福岡高等裁判所は，隣地通行権を認めました。そして自動車通行については，およそつぎのようにいって自動車通行のための隣地通行権を認めました。

Xは甲地で養鶏業を営んでいたが，里道だけでは飼料などを馬車，リヤカーなどによって運搬することはできないため，乙地のうちの里道沿いの約20坪を当時の所有者から借り，地盛りをして通路を開設し，現在まで利用してきた。Xの所有する家屋には合計6世帯の家族が居住しており，Xは現在ここで飼料販売業を営み，飼料の運搬にa通路を利用しているところ，居住者のなかには牛乳販売業，氷販売業を営む者もいて，営業用自動車の出入りも頻繁であり，近隣の居住者もあわせると，約10世帯40名の住民が通勤，通学その他日常生活のためにa通路を利用している。このような客観的な利用状況に加えて，住民の安全ないし衛生を維持するために消防自動車あるいは屎尿

汲取車などの出入りを確保すべき社会的な要請があることを総合して判断すれば，わずか幅2尺程度の里道のみではとうてい通路としての合理的な効用を果たしえないことは明らかであって，Xはこの利用に必要な限度でなお囲繞地を通行する権利がある（福岡高判昭47・2・28判時663-71）。

8 既存通路と隣地通行権

Q すでに通路があった場合は，どのような場合であっても隣地通行権は認められませんか？

A‥‥‥

1 既存通路の存在と隣地通行権

　公道に至るための他の土地の通行権（袋地通行権，囲繞地通行権，法定通行権，隣地通行権。以下「隣地通行権」という）が成立するためには，土地が公道に通じていないことが要件になります（民法210条1項）。つまり，袋地とされる土地に公道と接する部分があったり，あるいはすでに通路が存在していてはならないことになります。これは，隣地通行権が，囲繞地（袋地を囲んでいる土地）の所有者の犠牲のうえに成立が認められている権利なので，当然のことです。それでは，すでに公道に通ずる通路が存在する場合には，いかなる場合でも隣地通行権は成立しないのかということが問題となります。この点については，どのような場合であってもすでに公道に通ずる通路があれば，絶対に隣地通行権は認められないということではなく，その通路がその土地の用法および形状，地域環境などからみて，通路としての合理的な効用をまっとうすることができないようなものであれば，土地の所有者はその土地を袋地であると主張して，必要な限度でなお囲繞地を通行する権利を有すると考えられています（Q5参照）。

2 具体例

　既存の通路があった場合においてもなお隣地通行権が主張されたときに，下級審の裁判所がどのように判断しているかは，多岐にわたりますが，学説によっておよそ，①現状変更的なもの（ⓐ既存通路のほかに新通路を認めたもの，ⓑ既存通路の閉鎖と新通路を認めたもの，

ⓒ既存通路の拡張を認めたもの，ⓓ既存通路の縮小を認めたもの）
と，②現状維持的なもの（ⓐ既存通路のほかに新通路開設を認めなか
ったもの，ⓑ既存通路の維持を認めたもの，ⓒ既存通路の拡張を否定
したもの），に分類されています（私道の法律問題〔第7版〕・162頁参
照）。つぎにそのいくつかをみてみます。

（1）　**既存通路の閉鎖と新通路を認めたもの**　　図8-1において，
Xは，一筆の土地の一部をAから賃借していたところ，そこが袋地だ
ったので，第三者B所有のYの賃借地の一部を通行していましたが
（a通路），Aから賃借している他の者の賃借地も公道に通じている場
合において，Yがa通路を閉鎖した事案につき，XがいままでYの賃
借地を通行していたのは，単なる好意にもとづくものであって，Xは
もともと民法213条2項の準用によって，同一賃貸人たるAの他の者
に対する賃貸地に隣地通行権を主張すべきであったのであるから，Y
の賃借地を通行することはできないとして，同一賃貸人にかかる別の
賃借人Cの賃借地にある通路を通るべきだとしています（東京地判昭
56・4・20判時1021-114）。

（2）　**既存通路の拡張を認めたもの**　　図8-2について，甲地の所
有者Xは既存の幅約3尺の空地（通路とは認定されていない）を通っ
て公道に出ていた事案において，Xが隣地通行権の確認を求めたのに
対し，囲繞地にとってもっとも損害が少なく，袋地にとっても便利で
あるのは，空地を利用することであるとして，隣地通行権の幅員を建

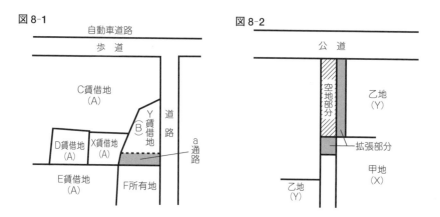

図8-1　　　　　　　　　　　　　　　　　図8-2

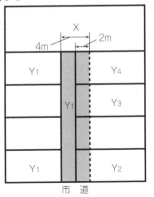

図8-3

築基準法43条や一般の車両通行に必要な道幅を斟酌して2mとし，すでに空地は幅が3尺あるので，さらに残りの3尺6寸を甲地と元は一筆の土地であったY所有の乙地に求める判断を示したものがあります。この結果，通路の拡張が認められたかたちとなります（甲府地判昭38・7・18下民集14-7-1458）。

（3）**既存通路の維持を認めたもの**　図8-3における幅員4mの通路のうち，東半分の2mの通行については争いがないが残りの西半分の2mについては争いがあり，縮小が主張された事案において，この土地一帯は，もとAの所有であったところ，Aは分筆のうえまずXに分譲する際に，4m幅の道路を設けて共同の通路として利用させることを約束し，その後Yらに分譲するにあたっては事実上4m幅の通路部分の空地を残して各分譲地を売り渡し，しかも，その売買契約の際，Yらに本件通路部分に当たる土地を私道として提供してもらう旨を説明して了承を得たものであり，紛争が生ずるまでは，周辺居住者らが共同の通路として利用してきたもので，4mの幅員は一体として通路をなしているものであって，私道負担は公平になされるべきであるなどとして，従来の4m幅の隣地通行権を認めたものがあります（奈良地判昭55・8・29判時1006-90）。

（4）**既存通路の拡張を否定したもの**　既存の幅員2mの通路では共同住宅が建てられないとして4mの拡張を主張したのに対し，戸建ての貸家の建築が可能な通路がある以上，袋地とはいえないとしたものがあります（浦和地判平5・10・29判時1511-118）。

9 隣地通行権の場所・効力

Q 隣地通行権が主張できる場所はどのような所ですか。また，隣地通行権の効力が及ぶ範囲はどこまでですか？

A・・・・・

1 隣地通行権の場所

　公道に至るための他の土地の通行権（袋地通行権，囲繞地通行権，法定通行権，隣地通行権。以下「隣地通行権」という）は，当事者の意思にもとづかず，法律上当然に発生するものなので，囲繞地（袋地を囲んでいる土地）に損害を与えることになります。そこで法は，その通行の場所は通行権を有する者のために必要にして囲繞地のために損害がもっとも少ないと思われるところでなければならないとしています（民法211条1項）。その判断の基準としては，一般には，社会通念に照らし，付近の地理状況，相隣地利用者の利害得失，その他諸般の事情を斟酌したうえで具体的な事例に応じて決定すべきであるとされています（東京地判昭38・9・9判タ156-91）。そして，その具体的な判断は結局，裁判所によってなされることになります。

　そこで下級審の判例をみてみますと，一般的にいえば，既存の通路がある場合には，そこが通行場所としてもっとも損害の少ないものであると認定する傾向にあります（東京地判昭43・9・2判時553-57，高松高判平元・12・13判時1366-58，東京地判平2・4・24判時1366-60など）。もっとも，図9-1のようにすでに開設されている私道が3本ある場合について，Xに隣地通行権がある以上，その具体的な行使態様は別として，3本の私道の全部につき通行権を認めている例もあります（大阪地判昭57・8・13判タ486-110）。

　これに対し，既存通路が民法211条の要件を充たしていないとしたものとして図9-2のようなものがあります（東京高判昭28・10・26下民集

図 9-1

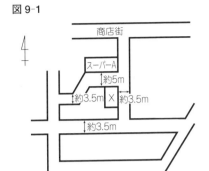

図 9-2

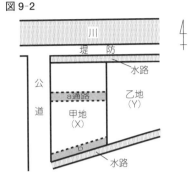

4-10-1538)。事案は、a通路は、X所有の一団の土地（甲地）のほぼ中央にあって、同地を分断する位置にあったところ、XがYの本件通路の通行禁止を請求したのに対し、裁判所は、Y所有の乙地は南側および北側を幅約3尺の水路で区画され、準袋地ではあるが、通行の場所としては、本件通路は甲地のために損害がもっとも少ない場所とはいえず、b部分が相当であると認定したものです。

2 通行場所の変更

　いったん特定の場所が隣地通行権の対象と認定されても、それはその判断時の事情を基準とするものなので、その後、認定の基礎となった袋地や囲繞地の利用方法または通行方法、あるいは囲繞地所有者の負担などに著しい変更が生じた場合には、関係者は相手方に対し通行場所の変更を請求することができるかが問題となります。ところで、隣地通行権の制度は、相隣接する土地の利用を公益的要請により、公平に調節することを目的としているものなので、信義誠実の原則からみて、その内容を変更すべき事態が生じたときには、通行場所の変更も認められてしかるべき場合があるというべきです。ただし、その認定は慎重になされるべきで、当事者の主観的意図によってではなく、客観的に当事者双方の利害得失を比較衡量して判断されるべきでしょう。

　下級審の判例にも、隣地通行権の通行の場所は、特定の囲繞地の特定の場所に不変のまま存続するのではなく、囲繞地所有者がその用法

に従い土地の用法を変えるときには，囲繞地のためにより損害の少ない他の場所に移動することを余儀なくされることもありうるとしたものがあります（福岡高判昭50・5・12判タ328-269）。

3　隣地通行権の効力の範囲

　隣地通行権は公道まで通行できる権利で，その行使が妨害されればもちろん妨害排除の請求ができることになりますが（Q41参照），その効力は単にそれにとどまらず，社会生活上相当と認められる範囲で，通路の上空，地中，その他の範囲に及ぶと考えられています。もっとも，その内容は，隣地通行権が囲繞地所有者に受忍を強いるものである以上，必要最小限度のものでなければなりません。

　下級審の判例に，つぎのようなものがあります（東京高判昭50・1・29高民集28-1-1）。

　図9-3においてXは甲地を賃借し，そこに住宅兼店舗を建築して居住し，電気工事の請負，電気器具の販売等をしていました。甲地は袋地であったので，Xは従来からYが所有する乙地内の通路を通行し，営業のために自動車による出入りもし，また，公道から見えるところに看板を掲げて宣伝をしていました。ところが，Yは通路上にコンクリートの破片を放置したり，あるいは自動車を駐車させたりし，さらに，通路上に大きな看板を設置して，Xの看板が公道から見えないようにしました。そこでXは通行地役権や隣地通行権などを理由として通路の使用妨害禁止を求めて訴えを起こしました。高等裁判所は，看板については，袋地所有者が土地の上空を利用できないことにより被る苦痛の程度，囲繞地所有者が上空の利用を制限されることにより被る被害，苦痛の軽重その他従前からの土地使用状況等一切の事情を考慮して，通行権の効力は，社会生活上相当と認められる範囲において通行権が認められるべき土地の上空にも及ぶと解するのが

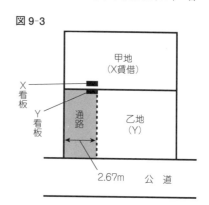

図9-3

相当であるとして，YはXの看板を覆いかくすような看板を撤去すべきであるとしました。

このほか，下級審の判例によって隣地通行権の効力として認められているものに，

　　①下水排水設備・上水道・ガスの導入設備の設置（神戸簡判昭50・9・25判時809-83），

　　②電気・電話導入の引込線架設（大阪高判昭56・7・22判時1024-65），

　　③分譲地内の道路につき公道までの出入りのみならず分譲地内の他の場所に行く通行（名古屋地判昭40・10・16判時450-41），

　　④照明設備の設置や通行権の存在を表示すること（東京地判昭60・6・24判タ614-76），

などがあります。

もっとも，令和3年の民法改正により，電気，ガス，水道については，明文で設備の設置，使用の権利が認められるようになりました（民法213条の2）（Q49参照）。

4　隣地通行権の制限

隣地通行権は，公益的要素が強いものですが，相隣接する土地相互の利用を調節するためのものなので，その範囲を超えなければ制限を加えることは可能であると考えられます。囲繞地の利用と袋地の利用とを比較衡量して，囲繞地あるいは袋地の利用上，無制約な通行を認めるとかえって危険が発生するような場合には，合理的な範囲で隣地通行権の行使を制限することができると考えられます。

下級審の判例に，自衛隊の弾火薬庫があるので，自衛隊が袋地所有者のために通路に遮断機を設置して通路を閉鎖し，通行証を所持しない者の通行を阻止している事案について，公共の安全性から囲繞地所有者は隣地通行権を制限できるとしたものや（京都地判昭38・3・30訟務月報10-8-1116），河川区域内に成立する隣地通行権の内容は，河川法が所期するところと両立しうるものに制限されるとしたもの（札幌地判昭51・9・29判時871-71）があります。

10 土地賃借人と隣地通行権

Q 他人の土地を賃借していますが，そこは袋地です。土地賃借人にも隣地通行権は認められるのですか？

A・・・・・

1 土地賃借人の隣地通行権

　他人の土地を借りて使用する権利には，地上権と賃借権があります。このうち地上権（民法265条）を有する者が公道に至るための他の土地の通行権（袋地通行権，囲繞地通行権，法定通行権，隣地通行権。以下「隣地通行権」という）を取得できることについては明文があり，問題はありませんが（民法267条），土地賃借人については明文がないので問題が生じます。学説は，隣地通行権の規定は，隣接する土地相互の利用の調整を図ったものであるから，その適用の範囲は所有権ないし地上権に限られず，物権化している土地賃借権にも準用すべきだとしています。もっとも，その賃借権が第三者に対抗できるものに限られるかどうかについては，明言をしていない見解もありますが，対抗力をそなえた賃借権に限らず，単に袋地を占有しているにすぎない賃借人にも認めるべきだとする見解も有力です。この対抗力がある賃借権というのは，賃借権そのものの登記がある場合か，賃借地上に賃借人所有の建物が存在し，その建物についての所有権の登記がある場合（借地借家法10条1項）を意味し，また，賃借権に対抗力があるということは，第三者に対し，その賃借権が所有権のような物権に準ずる効力，特に妨害排除を請求できる効力を有することを主張できることを意味します。

　この点に関する最高裁判所の判例（最判昭36・3・24民集15-3-542）については，一般には，対抗力のある土地賃借人についてのみ隣地通行権を認めているだけであって，単に袋地を占有しているだけの賃借人

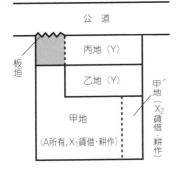

図10-1

公道

丙地（Y）

乙地（Y）

板垣

甲′地
（X₂賃借・耕作）

甲地

（A所有，X₁賃借・耕作）

には認めていないと理解されています。

　判例の事案はおよそつぎのようなものです。図10-1において，X₁は，先代のときからA所有の甲地を賃借して耕作してきたところ，その後一部（甲′地）を返還し，AはそれをX₂に賃貸し，X₂は現に甲′地を耕作してきました。ところで，隣地の乙地，丙地を所有するYは，図の部分に板垣を設けて耕作を始め，Xらの公道への通行および耕作を妨害するようになりました。そこでXらは，土地の賃借権を根拠に隣地通行権を主張しましたが，X₁は農地の賃借引渡しを受けて旧農地調整法8条による対抗力を有する者であるものの，X₂は農地関係法令所定の許可を受けていない単なる農地の占有者として扱われる者でした。なお，甲地，乙地，丙地は元一筆の土地であって，その所有者Aが分筆して甲地，乙地をYに譲渡した経緯のものです。

　最高裁判所の判断は，X₁については，同人が賃借・耕作している土地は，元一筆の土地が，Yに分筆・譲渡された結果袋地になったものであり，X₁はこの土地を通行しなければ公道に出られなくなったのであるから，民法213条を準用して板垣の存する丙地につき隣地通行権を有するが，X₂については，単なる占有者なので，民法213条を準用することは許されないとするものです。なお，下級審の判例には，少数ながら対抗力がない袋地の賃借人について，隣地通行権を認めているものがあります（名古屋地判昭56・7・10判時1028-88）。

　なお，令和3年の民法改正で，対抗力を備えた不動産賃借権者について，目的不動産を占有する第三者に対する，妨害の停止および返還請求の権利が規定されました（民法605条の4）。

2　賃借人間における隣地通行権

　土地賃借人に隣地通行権が認められるとして，その主張ができる相手方は，囲繞地（袋地を囲んでいる土地）の所有者だけであるのか，

あるいは賃借人間でも主張できるのかが問題となります。たとえば，Yが所有地を甲地と乙地とに分けてそれぞれAとBとに賃貸したが，Aが賃借した甲地は公道に接していない場合，Aは乙地を賃借したBに対し，独自の隣地通行権を主張できるかということです。この場合，民法213条を準用して賃借人間に隣地通行権を認めるのが下級審の判例の傾向です（東京地判昭56・4・20判時1021-114）。

3　賃貸人に対する隣地通行権の成否

　賃借地は直接公道に通じていないが，それに隣接する賃貸人の所有地を通行してなら公道に出ることができる場合があります。この場合，賃借人が賃貸人の土地を通行できるのは，隣地通行権によってでしょうか。この点についての学説は，この場合も土地の一部譲渡の場合と同様に考え，民法213条2項が準用されるとしています。これに対し，最高裁判所の判例（最判昭44・11・13判時582-65）は，一筆の土地の一部で公道に面していない部分の賃貸をするような場合は，賃貸人に土地賃貸借契約にもとづく義務として通行させる義務が生ずるとしています。この判例の事案はつぎのようなものです。

　図10-2において，Aは元一筆の甲地，乙地，丙地を所有していたところ，乙地をXに賃貸するとともに，丙地内のアミ部分を通路として提供しました。その後Aは丙地をYに譲渡したところ，Yが通路を閉鎖してしまったので，XはYに対し，通行妨害排除の訴訟を提起しました。これに対する最高裁判所の判断は，①公道に面する一筆の土地の所有者が，その土地のうち公道に面しない部分を他人に賃貸し，その残余地を自ら使用している場合には，所有者と賃借人との間において通行に関する別段の特約をしていなかったときでも，所有者は，賃借人に対し賃貸借にもとづく賃貸義務の一内容として，この残余地を賃貸借契約の目的に応じて通行させる義務がある，②賃借人が賃貸人に対して

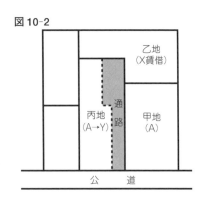

図10-2

通行権を有する場合，賃借地は袋地とはいえず，第三者に対しては隣地通行権を主張できない，というもので，Ｘは賃貸人所有の甲地内に通行権を有するから，アミ部分の所有者であるＹに対し，通路を要求できないとして，Ｘの主張を排斥しています。

11 借家人と通行権

他人の建物を借りて住んでいますが，公道に出るために第三者所有の私道を通っています。借家人に，独自の隣地通行権あるいは通行地役権が認められますか？

A･････

1 隣地通行権の場合

公道に直接接続していない袋地に認められる公道に至るための他の土地の通行権（袋地通行権，囲繞地通行権，法定通行権，隣地通行権。以下「隣地通行権」という）は，法文上は袋地所有者のみに認められているものですが（民法210条），その規定の目的とするところは，隣接する土地相互の円滑な利用を調整するためのものなので，権利者となりうる者は，袋地の所有者だけに限らず，地上権者，永小作権者，対抗力のある賃借権者などの土地利用権者にも認められるとすることは，通説・判例の一致するところです。

そこで，すすんで袋地上の建物の賃借人（借家人）にも認められるべきかが問題とされています。まず，建物の賃借人は，民法423条の要件に従って，袋地の所有者，借地人などの有する隣地通行権を代位して行使することによって，通行をすることは許されます（東京高判昭53・11・29判タ380-88）。つぎに，建物賃借人独自の隣地通行権が認められるかどうかということです。たしかに，建物賃借人は，建物の利用に必要な範囲でその敷地たる袋地を利用する権利を有するものですが，地上権者などと異なって，袋地そのものを独立して直接利用する権利はもっていないので疑問が生ずるのです。これまでの学説の多くも，土地賃借人までしか準用を認めていませんでしたが，最近は建物賃借人にも認める見解が多くなってきたようです。

下級審の判例には，否定したもの（大阪地判昭48・1・30判時721-70）

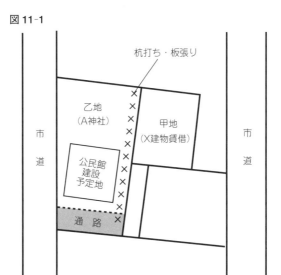

図11-1

と，つぎのような事案において肯定したもの（米子簡判昭42・12・25判時523-72）とがあります。

　図11-1において，Xは甲地上の建物を賃借し，居住しているところ，甲地は袋地であるので，Xは長年居住地に隣接する乙地であるA神社の境内を通路として利用し，市道に出ていました。ところが，Y町自治会が，この神社境内に公民館を建築する計画を立て，図の部分に杭打ちおよび板張りをしたため，Xが通行していた通路が塞がれることになり，Xは裁判所に対し，民法210条の隣地通行権を根拠として，通行妨害排除の仮処分申請をしました。これに対し裁判所は，結論として，建物賃借人も袋地敷地を利用する者としてその権利は賃借建物の引渡しによって対抗力をもち，この敷地利用権を他人に主張しうるもので，民法210条を準用して隣地通行権を主張できると判示したのです。

2　通行地役権の場合

　通行地役権を取得できるのが，要役地所有者のほか，どの範囲の者に認められるかも問題があります。通行地役権が設定された後に，そ

の地役権を要役地の地上権者，永小作権者，賃借権者が行使すること
ができることは認められています（民法281条1項）。これに対し，要
役地の地上権者，永小作権者，賃借権者自身に通行地役権の取得が認
められるかどうかについては，従来は明文がなく明らかではありませ
んでした。しかし，通行地役権は，隣接する土地の利用調節を目的と
する権利なので，学説の多くは，要役地の地上権者，永小作権者，対
抗力ある賃借権者に通行地役権の取得資格を認めてきました。これに
対し，判例の立場は，要役地の賃借人の通行地役権の取得は認めてい
ないと解されてきました（大判昭2・4・22民集6-198）。したがって，要
役地上の建物の賃借人には当然認めないという趣旨になると考えられ
ます。他方，学説が一般に賃借権者に通行地役権の取得を認めるとし
ているのは，もっぱら土地賃借権者についてその物権化を理由として
いるものなので，建物賃借人についても肯定するかは疑問であり，こ
の点を正面から論じているものはほとんどありませんでした。その
後，平成16年に民法の現代語化の改正が行われた際に，281条1項が
「地役権は，要役地（地役権者の土地であって，他人の土地から便益
を受けるものをいう。以下同じ。）……」と追加改正されました。そ
の趣旨からすれば，建物の賃借人は建物の使用収益をすることによっ
て，その建物の敷地を間接的に使用しているだけであって，その範囲
で建物の出入りのために通路等を使用できるわけですから，当然その
ような立場の者に，独自の通行地役権を認めてまでして保護する必要
はないというべきでしょう。建物賃借人には，要役地所有者の有する
権利にもとづく通行権を認めるだけでよいということになります。下
級審の判例もこの立場です（大阪高判昭49・3・28判時762-32）。

Q 共有地を分割した結果，袋地が生じてしまいました。袋地の取得者はどこを通って公道に出られることになりますか？

1 共有地の分割

　共有地は原則としていつでも分割請求ができるとされていますが（民法256条1項），その分割をする方法には，①代金分割，つまり共有地を売却してその代金を分ける方法，②価格賠償による分割，つまり，共有者の一人が単独（もっとも，共有者が多数であれば，一部の者の共有にすることも認められます。たとえば，A，B，C，Dの共有地の分割について，A，Bの共有にする場合です）でその土地の所有権を取得し，他の共有者にその持分の価格を支払う方法，③現物分割の方法，などが考えられます。公道に至るための他の土地の通行権（袋地通行権，囲繞地通行権，法定通行権，隣地通行権。以下「隣地通行権」という）との関係で問題が生ずるのは，③の現物分割による場合です。なお，分割が共有者間の協議でできなかった場合には，裁判所に分割の請求の訴訟を提起することになりますが（民法258条1項），裁判所は分割にあたっては，袋地が生じないように路地状敷地（Q39参照）を含んだ分割方法をとるべきでしょう。

2 共有地分割と隣地通行権

　公道に通じている共有地について，分割がなされ，その結果袋地が生じた場合には，他に公道に出るに適した場所があっても，その袋地所有者となった者は，分割した他方の土地しか通行できないことになります（民法213条1項）。これは，共有者が自分たちの都合で公道に接していない土地を作り出してしまったのに，これに関係しなかった

隣地の所有者に迷惑をかけてはならない
からです。したがって、図12-1の場合
について説明すると、XとYとの共有地
であった甲地を、分割の結果、甲₁地を
Xが、甲₂地をYがそれぞれ取得した場
合、袋地である甲₂地を取得したYは、
甲₁地のみを通行して公道に出るべきこ
ととなり、A所有の乙地を通るほうが便
利であったとしても、乙地に対する隣地
通行権は認められません。どうしてもY

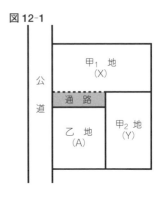

図12-1

が乙地を通行したい場合には、Aと交渉して乙地に通行地役権かある
いは通行を目的とする賃借権などを設定するほかありません。しか
し、Aがこれに応ずる義務があるわけではないので、Aが承諾しない
かぎり通行は不可能です。

　民法213条1項にいう「分割」が、裁判上の分割（民法258条1項）
をも含むかどうかは問題があります。条文上は区別されていません
が、分割者の土地しか通行できないとした趣旨が、当事者の意思にも
とづいて発生した袋地であるから制限するということであれば、裁判
による分割には適用がないことになります。しかしながら、その場合
でも分割するかしないかは、当事者の自由であるとすれば、やはり、
他人に迷惑をかけてはならないという点では同じことになり、適用が
あると解すべきでしょう。同様に遺産分割（民法906条）の場合にも
適用があると解せられます。

　なお、単なる分筆は、所有関係に変動はないので、民法213条1項
の適用はありません（最判昭37・10・30民集16-10-2182）。

3　共有地分割の不許

　裁判所による分割ができないとき、あるいは共有地の分割が著しく
価格を損するおそれがある場合には、分割は許されず、競売をすべき
ことになります（民法258条2項）。このことを扱った事案につぎのよ
うな判例があります（東京地判平3・7・16判時1419-75）。

　図12-2の土地は、都市計画区域内にある第2種住居専用地域（旧規

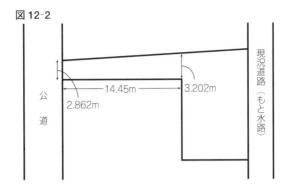

図 12-2

定）にあって，建築基準法上の道路に2m以上接していなければ建築できない土地であるところ（**建築基準法43条1項**），現況はいわゆる旗竿地であり，公道に約2.862mで接道しているが奥行きは14.45mあり，反対側は現況道路で接しているものの，それはもと水路で建築基準法上の道路ではないという状況での共有物分割請求に対し，裁判所は，共有地が幅約2.862m，奥行き14.45mの路地状部分で公道に接していることに照らせば，共有地を現物分割しようとするときは，分割の結果生ずる各土地を，建築基準法上の接道義務を充たすようにすることは不可能であり，分割の結果生ずる土地のいずれかが，建築基準法上の接道義務を充たさない土地になることは明らかであって，その使用価値，交換価値が著しく小さくなり，土地全体の有効利用の可能性の観点から，このように建築基準法上，建物の建築が不可能になる土地を作り出すような現物分割請求は認められないとして，競売による売得金での分割を命じています。

4　建築基準法に適合しない分割と隣地通行権

　共同相続した土地を遺産分割する際に，建築基準法上の規制に適合しない路地状敷地を作り出した場合，その土地の取得者は，他の土地取得者に対して隣地通行権を主張できるかが問題となった事案があります（**東京地判平2・11・19判時1393-105**）。

　甲地と乙地は元一筆の土地であったものをAとBとが共同相続をしたところ，図12-3のように甲地と乙地に分割し，甲地をAが，乙地

をBがそれぞれ取得しましたが，Bが
取得した乙地は，その北東部と南東部
の2か所でそれぞれ幅1.2mの細長い
路地状部分（敷地）で公道に接する地
形であったため，乙地が建築基準法上
の接道義務を充たさず建物を建築でき
ないので，Bから乙地を譲り受けたX
が，Aから甲地を譲り受けたYに対
し，建築基準法上の接道義務の規制で
ある2mに合致した幅員の隣地通行権
を主張したケースです。

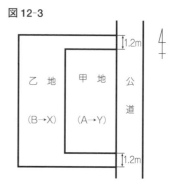

図12-3

　裁判所は，甲地と乙地を遺産分割により分割した当事者は，乙地の
通路としては幅1.2mの2本の路地状部分さえあれば足りるとする意
思であったと解せられ，乙地は路地状部分を通じて公道に接している
から袋地には当たらないとしました。そしてさらに，建築基準法の規
制により将来乙地上の建築に支障が生ずるであろうことは，分割当時
から客観的な事実としてわかっていたことであり，それを現状のよう
に分割した以上，その当事者および承継人が不利益を受けてもやむを
えないというべきであるとしています。

5　隣地通行権の無償性

　通常，隣地通行権者は，囲繞地（袋地を囲んでいる土地）が受ける
損害に対して，償金を支払わなければならないとされています（民法
212条本文）。しかし，共有地を分割した結果生じた袋地については，
分割の残余地のみを通行できるだけであるとされますが，そのかわり
無償であるとされています（民法213条1項）。これは，共有者は分割
に際し，袋地が生ずることを予期して分割の部分あるいは代価を定め
ているのであるから，実質的には償金がすでに支払われているのと同
じで，損害が生じていないと考えられているからです。したがって，
図12-1の甲₂地の所有者であるYは，甲₁地を通行するについて，X
に償金を支払う必要はないことになります。

13 土地の一部譲渡と隣地通行権

Q 一筆の土地の一部を分割した土地を買い受けましたが，袋地です。どこを通って公道に出ることができるのですか？

A ・・・・

1 土地の一部譲渡と隣地通行権

　土地の一部が分割譲渡された場合，それによって袋地が生じたときには，その袋地の譲渡を受けた者は，分割譲渡の残余地を通行できる公道に至るための他の土地の通行権（袋地通行権，囲繞地通行権，法定通行権，隣地通行権。以下「隣地通行権」という）を取得する反面，第三者の所有地を通行することは認められません（**民法213条2項**）。これは，自分たちの都合で土地を分割してその一部を譲渡する場合には，それによって袋地が生ずることは，当然事前に予期できたわけで，また，譲渡と関係のない第三者に迷惑をかけるべきではなく，関係者の内部問題として処理するのが当然だという理由からです。したがって，図13-1のようなY所有の甲地が甲₁地と甲₂地とに分割され，甲₂地がXに譲渡された結果袋地となった場合には，Xは残余地である甲₁地のみを通行して公道に出られるだけであって，第三者であるA所有の乙地を通行することは，いくらXにとって便利であっても認められません。

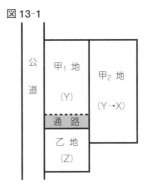

図13-1

2 他の譲受人の土地に対する通行

　土地の一部を譲渡した結果生じた袋地の所有者が通行できるのは，

いかなる場合でも譲渡人所有の残余地に限られるのかどうかが問題となります。この点についての下級審の判例は分かれ，譲渡人の残余地のみを通行できるだけであるとするもの（浦和地判昭58・12・26判時1127-123）と，つぎのように，数人に対する土地の一部譲渡により譲受人の一人の譲受土地が袋地になった場合において通行できる場所は，譲渡人の残余地に限らないとしたものがあります（広島高判平3・5・29判時1410-80）。

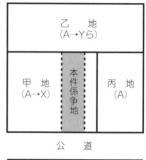

図13-2

事案は，図13-2の甲，乙，丙地は，地続きの一団の土地であり，それをAが相続により取得していたところ，Aは同時に，甲地をXに，乙地をYらの先代Bに，それぞれ譲渡した場合において，乙地が袋地になったと認められるときには，B（したがってYら）に，丙地あるいは甲地のどちらかの適地について隣地通行権が認められるかというものです。裁判所は，民法213条2項により，Yらの隣地通行権は，残余地である甲地または丙地について認められるというべきだとし，その理由としては，全部同時譲渡の場合（Q15参照）に照らして考えると，民法213条2項の残余地とは，譲渡人の所有する土地に限られるものではなく，袋地となった土地を除く残余地全体を指すものと解するのが相当であるとしています。なお，最高裁判所の判例も，傍論ですが，土地の一部譲渡によって公道に通じない土地を生じた場合には，袋地の所有者は，民法213条にもとづき，これを囲む土地（囲繞地）のうち，土地の一部譲渡人もしくは譲受人の所有地についてのみ通行権を有する，としています。

3　通行権の無償性

土地の一部譲渡の場合に生ずる隣地通行権は，無償とされています（民法213条2項）。これは当事者間では袋地が生ずることが事前に予期できたのだから，譲渡の代金はこれを考慮して決定しているはずだ，というのがその理由とされています。そうすると，通行権の対価が譲

渡代金に斟酌されていないことが明らかであったときには，有償になるのかというと，下級審の判例は，それは譲渡当事者間の内部問題であり，瑕疵担保責任（**民法570条**）（平成29年の民法改正で，民法262条以下の規定による売主の担保責任の問題となる）などの問題であるとして，斟酌されていない場合であっても民法213条2項の適用があるとしています（**東京高判昭53・11・29判タ380-88**）。現実に斟酌したかどうかは契約当事者間の問題であって，客観的には必ずしも明らかとはいえません。したがって，民法213条の適用の問題としては，斟酌しえた可能性があれば，肯定すべきであろうと思います。

4　一部譲渡の意義

　一部譲渡の場合の隣地通行権は，売買や贈与のような私法上の権利移転の場合だけではなく，国有財産の払下げ（**東京高判昭53・11・29判タ380-88**）や競売（**最判平5・12・17判時1480-69**），公売の場合にも適用がありますが，公道廃止，土地収用，区画整理などによって袋地が生じた場合については，当事者は隣地通行権の発生も，償金の考慮もできなかったわけで，適用がないと解すべきでしょう。

　土地の一部譲渡とは，一筆の一部譲渡の場合には限られません。同一人の所有に属する数筆の土地も，それが一団の土地となっている限り，その一部（一筆ないし数筆）が譲渡された場合にも，民法213条2項は適用されます。なぜなら，袋地は他人の土地に囲まれている土地のことをいうのであって，それが一筆か数筆に分かれているかは直接関係がないからです。この趣旨から，自己所有地を単に分筆しただけでは民法213条2項は適用されません（**最判昭44・11・13判時582-65**）。

　なお，土地の一部が譲渡され，外観上は袋地が生じたようにみえても，その譲受人が隣接地を所有していて，その隣接地を経て公道に出ることができるのならば，その土地は袋地とはいえず，民法213条2項の適用はありません（**Q16参照**）。

14 無償隣地通行権と当事者の交代

 一筆の土地を分割して，奥の袋地を買いました。公道に出るには売主の土地を通っていましたが，このたび売主がその土地を第三者に売ってしまいました。通行権はどうなるのでしょうか？

1 無償隣地通行権の発生

　共有地を分割したり，所有地の一部を譲渡したりした結果袋地が生じた場合，袋地取得者は，公道に出るためには第三者の土地を通行することはできず，残余地のみを通行することになりますが，その通行権は無償とされています（民法213条）。これは，公道に至るための他の土地の通行権（袋地通行権，囲繞地通行権，法定通行権，隣地通行

権。以下「隣地通行権」という）が囲繞地（袋地を囲んでいる土地）の所有者の意思とは関係なく法律上当然に発生し，囲繞地の利用を制限するものである以上，関係者の都合で任意に袋地を作り出した場合には，それと関係をもたなかった隣地に迷惑をかけず，自分たちの内部だけで処理するのが当然であると考えられるし，また，無償とするのは，このような分割・譲渡に際しては，当然隣地通行権の発生が予期され，したがって，当事者としては，そのことを考慮して分割地の範囲や代金額その他の条件を定めることになり，いわば償金（対価）は事前に実質的に一括払いされているとみられるからである，と説明されています。

2 設問の図解

設問の趣旨を図14-1によって説明します。

Aが所有する元一筆の甲地が，甲₁地と甲₂地とに分割され，甲₂地がBに譲渡され，甲₁地はAがそのまま所有することになったとすると，Bは民法213条により甲₁地の中にある通路を無償で通行して公道に出る権利を取得していることになります。この場合，E所有の乙地を通行することはできません。

その後Aが通路を含めて甲₁地をCに譲渡したとすると，Bは依然として甲₁地に対する無償通行権を主張することができるか，あるいはE所有の乙地に対する有償の通行権（民法210条〜212条）を取得することになるのか，という問題が生じます。さらに，関連問題として，Bが甲₂地をDに譲渡した場合にはどうなるのか，という問題もあります。

3 無償通行権と特定承継

いったん無償の隣地通行権が成立した後，袋地もしくは囲繞地に売買や贈与といったような特定承継が生じ，所有者ないしは利用者に交代があった場合，その特定承継人に対しても民法213条の適用があり，無償の通行権は存続するとすれば，通行は

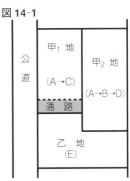

図14-1

無償であるかわり，通行の場所も従前どおりということになるのに対
し，適用されないということになれば，民法210条ないし212条の原
則に戻って有償の隣地通行権を認めることになります。したがって，
新たに民法211条の，通行の場所および方法は通行権を有する者のた
めに必要にしてかつ囲繞地のために損害がもっとも少ないものを選ば
なければならない，という要件を充たすべきこととなって，当然には
従前の場所を通行できるとは限らないことになり，場合によっては，
新たに別の場所に通行地を求めなければならないことになります。

　この無償通行権と特定承継の問題については，学説の見解はいくつ
もに分かれ，民法213条がそのまま適用になるという見解，適用が排
除されるという見解，その間にあってさまざまな態様の折衷説があ
り，下級審の判例も分かれていました（詳しくは，**私道の法律問題〔第7
版〕・227頁以下参照**）。

4　最高裁判所の判例

　この問題に関する最高裁の判例は二つあります。

　（1）　一つの事案（図14-2）は，「Aがその所有する三筆の土地を
いったん合筆して一筆の土地としたうえで，これを甲，乙の二筆の土
地に分筆し，公路〔民法改正前の事案につき原文のまま。以下同じ〕
に直接接していない甲地をXに譲渡したが，その際通行できる場所と
しては，乙地とは別のAがYらの先代から賃借していた土地の一部
（通路部分）と合意した。その後Xが甲地を利用しない間に，Aが乙
地をBに譲渡したところ，Bが乙地と
甲地との境界に高さ1ないし2mの石
垣を設置し，乙地に居宅を建築したた
めに，甲地から乙地を通行して公路に
出ることはできなくなった。他方，A
とYらの先代との右土地賃貸借は，右
居宅完成に先立って用法違反を理由と
して別訴の判決により解約されてい
た。その後Yらが通路部分を閉鎖した
ので，XはYら所有の通路部分に対

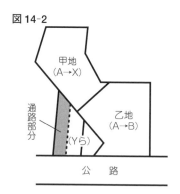

図14-2

し，通行妨害禁止の仮処分を得て，甲地の上に建物を建築し，他方民法210条1項による隣地通行権を主張して，通行権確認等の訴訟を提起した。」というものです。

これについて，原判決は，Aが甲地をXに売り渡した時点で，Xは民法213条2項により乙地に対する通行権を取得しているのであり，乙地がこの通行権を受忍すべきは，土地の一部譲渡の場合における残余地の属性であって，それは乙地の譲受人にも承継され，本件通路部分に民法210条1項の隣地通行権は主張できないとして，Xの主張を排斥しました。つまり，民法213条により通行権を受忍すべき囲繞地に特定承継が生じたからといって，あらためて民法210条1項が適用されるものではないとしたのです。

これに不服なXは上告しましたが，最高裁判所は，原判決を支持して，民法213条の規定する隣地通行権は，残余地について特定承継が生じた場合でも消滅するものではなく，袋地所有者は，民法210条にもとづき残余地以外の囲繞地を通行できるものではないとしました（最判平2・11・20民集44-8-1037）。

（２）　もう一つの事案は，同一人の所有に属する数筆の土地の一部が担保権の実行としての競売により袋地となったので，競落人が民法213条2項による囲繞地を主張したというものですが，最高裁判所は，競売も譲渡の一種であるとしたうえで，隣地通行権は，残余地について特定承継が生じた場合にも消滅するものではないとして，袋地所有者が民法210条にもとづく残余地以外の囲繞地を通行することはできないとしました（最判平5・12・17判時1480-69）。

（３）　結局，最高裁判所は，囲繞地に特定承継があっても，無償性の問題も含めて民法213条が適用されるとしたものであり，このことは，袋地に特定承継があった場合にも同じ結論になると考えられます。したがって，実務的には，設問の場合も，甲₁地の通路に対する従前どおり無償の通行権が認められ，反対に乙地の通行のほうが実際には便利であっても認められないということになります。しかし，この考え方が妥当であるかについては，いまだ反対する学説があります。

15 分割同時全部譲渡と隣地通行権

 分譲するために分筆した土地の一筆を買いましたが，公道に
接していない袋地です。他の人もほぼ同時に買っています
が，どこを通って公道に出ることができるのですか？

A‥‥‥

1 分割同時全部譲渡

　民法213条2項は，一筆の土地の一部を譲渡して袋地が生じた場合
は，その袋地譲受人は，譲渡人の残余地のみを通行して公道に出なけ
ればならないかわりに，その通行の対価は，すでに譲渡価格に反映さ
れているなどの理由から，支払う必要はない（無償）と規定していま
す（Q13参照）。

　そこで，土地所有者が，一筆の土地を数筆に分割し，同時にその全
部を別々の者に譲渡して袋地が生じた場合も，同様にもとの土地の残
余地しか通行できないというべきかが問題となります。

　図15-1でいえば，元一筆の土地である甲₁，甲₂，甲₃の土地が三筆
に分筆され，それぞれX₁，X₂，X₃に同時に譲渡された場合に，甲₂地
を取得したX₂は甲₁地のみを通行
して公道に出ることになり，ま
た，甲₃を取得したX₃は，甲₁お
よび甲₂地を通行して公道に出る
ことになり，乙地を通って公道に
出ることは認められないのかが問
題となります。

　この点についての学説は分かれ
ており，この場合も民法213条2
項の適用を認め，甲₁地や甲₂地し

図15-1

甲₂地 （X₂）	甲₃地 （X₃）
甲₁地 （X₁）	乙　地 （Y）

公　道

か通行できないとする立場があり，これに対し，民法213条の隣地通行権が無償通行権であるところから，このような分割譲渡に際しては，一部譲渡の場合のように通行地譲受人に対し，その受ける損害の償金額を考慮した価格決定がなされることは少なく，当事者間だけで処理させるのは不合理な結果となるとして反対する立場があります。なお中間的な見解も多く主張されています（私道の法律問題〔第7版〕・246頁参照）。

　結局，分割譲渡によって生ずる袋地に対する通行権受忍の不利益をどの土地の所有者に負わせるのが適当かということであり，それには，他人に迷惑をかけるべきではなく，民法213条2項の適用を認めて分割の他の土地のみを通行できるとするのが妥当でしょう。

2　具体例

　この点に関する最高裁判所の判例は，民法213条2項の適用を認めています（最判昭37・10・30民集16-10-2182）。

　事案はつぎのようなものです。

　図15-2のAら4名の共有に属していた一筆の土地である甲地は，甲$_1$ないし甲$_9$の土地に分筆されて，同時に売り出され，同日数名に売り渡されて，Xらの先代Bが甲$_1$地を買い受け所有権移転登記を完了しました。甲$_1$地を囲む甲$_2$および甲$_3$地は，元一筆の土地の一部ですが，乙地および丙地はもともと別個の土地です。図のように袋地となった甲$_1$地を先代Bから相続によって所有権を取得したX$_1$らは，乙地の所有者Yに対し，乙地内の通路部分に対する民法210条による隣地通行権を主張してその確認を求める訴訟を提起しました。

　第一審は，袋地の取得者は，民法213条2項により，従前一筆であった土地の残余地のみを通行できるにすぎないとして，本件通路の通行を主張するX$_1$らの請求を

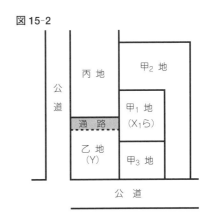

図15-2

図15-3

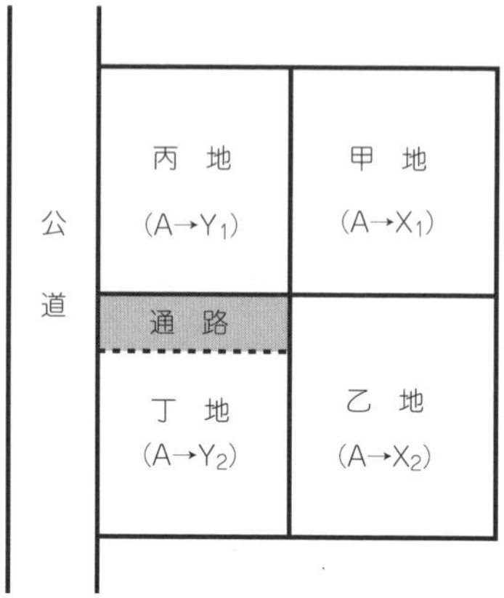

棄却し，第二審も，この袋地は，一筆の土地の分割によって生じたものであるから，民法213条1項によりX₁らは他の分割者の所有地のみを通行でき，分割と無関係なYの乙地内の本件通路を通行することはできないとの理由を付加して，X₁らの控訴を棄却しました。

X₁らの上告に対し，最高裁判所は，民法213条2項は，土地の一部譲渡において残存部分をなお留保した場合に生ずる袋地についてのみ適用があると解すべきではなく，土地の所有者が一筆の土地を分筆のうえ，そのそれぞれを全部同時に数人に譲渡し，その結果袋地が生じた場合にも，同条項の趣旨に徴して袋地の取得者は，分筆前の一筆の土地であった残余地についてのみ隣地通行権を有するにすぎないと判示しました。つまり，本件通路に対する通行権を否定したのです。

なお，下級審の判例に，元一筆の土地の所有者Aが，図15-3のように甲ないし丙地に分筆し，まず丙地をY₁に分譲し，つぎに10か月後に乙地をX₂に，丁地をY₂にそれぞれ分譲し，ついで約1年後に甲地をX₁に譲渡した事案について，譲渡の時期を異にして，分割同時全部譲渡の場合には当たらず，Aは丙地を譲渡した時点では，甲，乙，丁地を所有していたのであるから，甲，乙地は袋地ではなく，丁地が譲渡された時点ではじめて袋地となり，甲，乙両地の所有者たるXらは民法213条により丁地所有者たるY₂に対してのみ隣地通行権（通路）を有するに至るとしたものがあります（**東京地判昭50・4・15判時798-55**）。

16 隣地通行権の不発生

こんど地続きの隣地を一部分割してもらって買い受けました
が，その部分には別棟の建物を建てて利用したいと思ってい
ます。しかし，その土地は直接には道路に接していません。売主
に対し，売主の残余地に対する隣地通行権を主張することはでき
ますか？　なお，私の従前の土地は道路に接しています。

1　設問の図解

　設問をもっとも単純な事例にもとづいて図によって説明します。当
初図16-1(1)のような関係にあったところ，B所有の乙地を図16-1
(2)のように分割して，乙₁地と乙₂地とし，乙₂地を甲地の所有者Aが
買い受けたとすると，その場合に，買主Aに乙₁地に対する公道に至
るための他の土地の通行権（袋地通行権，囲繞地通行権，法定通行
権，隣地通行権。以下「隣地通行権」という）が発生するかという問
題となります。

図 16-1（1）

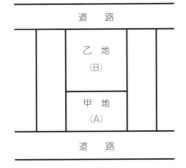

図 16-1（2）

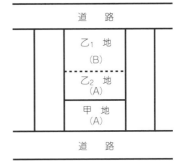

2　隣地通行権の不発生

　一筆の土地の一部が譲渡された結果，袋地が生じた場合，その袋地所有者となった者は，譲渡人の残余の土地を通って公道に出ることができるとされています（民法213条2項）。そうすると設問の場合も，甲地の所有者であるＡが分割された乙₂地を利用するについて，残余地である乙₁地を通行できるようにみえます。

　しかしながら，隣地通行権は，他人の土地に囲まれて自己所有の，あるいは自己利用の土地からは公道に通じていない場合にのみ認められるべきであると考えられています（Q18参照）。したがって，図16-1(2)の場合，Ａはすでに乙₂地に隣接する甲地を所有し，甲地は道路に通じているのだから，結局乙₂地は，Ａが所有権を取得することにより，甲地を通じて道路に通じていることになり，袋地とはいえず，乙₁地に対する隣地通行権は発生しないと考えられます。もし，どうしてもＡが乙₁地を通行したいというのであれば，売買契約の際，条件として，通行地役権なり，債権契約としての通行権の設定契約をしておくべきでしょう。

3　具体例

　民法213条2項の規定にもかかわらず，土地の一部譲渡があっても隣地通行権が発生しない場合を扱った判例につぎのようなものがあります（最判昭43・3・28判時516-39）。

　(1)　紛争の概要　　元一筆の土地甲地が，図16-2(1)のように，甲₁地，甲₂地，甲₃地に分筆されたうえ，別々に譲渡されたため，公道に面しない甲₃地が袋地となり，そこで甲₃地のために，甲₂地の一部であるa通路が開設され，そこに通行地役権が設定されましたが，さらにその後図16-2(2)のように，甲₁地の一部が分筆され，甲₄地となってＸに譲渡されました。譲受人のＸは，すでに甲₄地に隣接する乙₁地を所有していましたが，この乙₁地もかつて，一筆の土地であった乙地が乙₁地と乙₂地に分割譲渡されたものであって，この乙₁地のために，残余地である乙₂地の一部にb通路が開設され，Ｘのために通行地役権が設定されていました。Ｘとしては，新たに取得した甲₄地上に建物を建築する計画を立てていたところ，b通路では建築基準

図 16-2 (1)

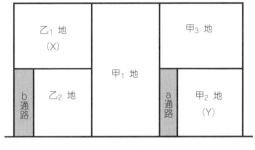

図 16-2 (2)

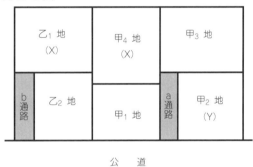

法の要件を充たさないため，建築確認が得られないので，建築基準法の要件を充たすa通路について，その所有者であるYに対し，民法210条による隣地通行権を主張したという事案です。

（2）　**裁判所の判断**　　これに対して裁判所は，甲₄地については，所有者を同一にする乙₁地およびb通路を経て公道に通じていたものである以上，甲₄地はいわゆる袋地とはいえず，したがって，Xが甲₄地のため，さらに隣地通行権を有するいわれはないと判断しています。

　なお，このほか，隣地通行権の不発生を扱った下級審の判例に，東京地判昭31・12・17下民集7-12-3661があるので参照してください。

17 隣地通行権の合意廃止・放棄

Q 隣地通行権は当事者の合意によって廃止したり，あるいは放棄をすることができるのですか？

A・・・・・

1 廃止の合意の効力

公道に至るための他の土地の通行権（袋地通行権，囲繞地通行権，法定通行権，隣地通行権。以下「隣地通行権」という）は，相隣接する土地の効用をまっとうさせるために，その利用を調節するという公益的要請にもとづいて，袋地所有者に法律上当然に認められている権利であり，関係当事者の合意にもとづいて発生する権利ではありません。したがって，その範囲，場所，方法については，通行権者のために必要であり，かつ，囲繞地（袋地を囲んでいる土地）のために損害がもっとも少ないものでなければならないとされています（民法210条，211条）。

このような要件のもとにいったん成立が認められた隣地通行権は，その後の袋地あるいは囲繞地に関するさまざまな事情の変更によって，その場所，方法などに変更をもたらす場合もありますが，単に関係者間に隣地通行権廃止の合意が成立しただけでは，袋地の状態が解消されるわけではありませんし，また，そのような合意に効力を認めると，新たに他の隣接する土地に隣地通行権を認めなければならず，その土地の所有者に思わぬ損害を与えることにもなるので，合意のみによって既存の隣地通行権の廃止は認められないというべきです。

もっとも，合意による廃止が無効であるというのは，そのまま有効とすると第三者に影響を与えるおそれが生ずるという理由からなので，その点に影響がない場合には，当事者間では有効に扱う余地もあります。たとえば，ほかに不十分ながら通路がある場合や，袋地所有

者が他の隣接地の通行の承諾を得るなど
によって通路を確保している場合などが
考えられます。

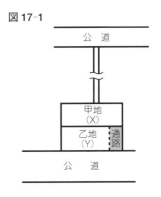

図17-1

2　具体例

　下級審の判例に図17-1のような事案
があります（東京地判昭42・11・7判タ215-
171）。Xの所有地である甲地は袋地です
が，その北側は，遠くて著しく不便では
あるものの公道に通ずる私道に接してい
ました。この甲地などを取り囲んで公道に接している乙地について
は，狭いながらも通路があり，Xらの通行が許されていました。その
後，乙地はYの所有するところとなり，Yは，乙地を購入するとき
に，Xらの通路利用者との間で，通路の利用を廃止する旨の合意が成
立しているとして，Xらの通行を拒否しました。これに対してXは，
通行権確認の訴えを提起したところ，裁判所は，一般的に隣人相互の
間で合意により隣地通行権を消滅させようとしても，その合意には効
力は認められないとしています。もっとも，この事案については，す
でに不十分ながら，他に通路があるのだから，合意した当事者間で
は，その限りにおいて有効と解する余地もあるとする批判もありま
す。

　なお，隣地通行権の対象となっている私道が，建築基準法上の道路
でもある場合には，その廃止について，建築基準法45条の適用の面
からも制限を受けることになります（Q36参照）。

3　放棄の場合

　隣地通行権者がその権利を放棄する旨を囲繞地所有者に意思表示を
しても，実際に袋地の状態が解消されていないかぎり，その文字通り
の効力は生じないと解されています。前記の判例はこのことも指摘し
ています。しかしながら，一時的に隣地通行権を行使しない趣旨の意
思表示としては有効であり，その場合は，隣地通行権は潜在的に存続
していることになると考えられます。

18 隣地通行権の消滅

 道路に直接接している土地をもっていますが，このたび裏の地続きの袋地を買ったところ，囲繞地の所有者から，売主が通行していた通路について，もう通らないでほしいと言われました。どうなるのでしょうか？

A・・・・・

1 設例の図解

　図18-1(1)のように，これまでは，甲地をAが所有し，乙地をBが所有し，丙地はCが所有していて，乙地の所有者であるBは，隣地通行権者として，甲地の一部である通路を通行して道路に出ていたところ，その後，丙地の所有者であるCが，Bから乙地を買い受けたことによって，Bがそれまでもっていた甲地に対する隣地通行権が消滅し，図18-1(2)のようになるかということです。つまり，Cは乙地を利用するについては，丙地のみを通行できるにすぎないのかということです。

図 18-1 (1)

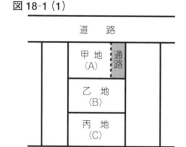

図 18-1 (2)

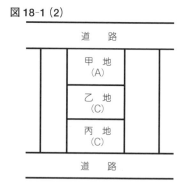

2　囲繞地は他人の所有であること

　公道に至るための他の土地の通行権（袋地通行権，囲繞地通行権，法定通行権，隣地通行権。以下「隣地通行権」という）は，袋地の利用ができるようにするために，袋地所有権の内容を拡張して，法律上当然に囲繞地（袋地を囲んでいる土地）である隣地を通行できる権利を認めたものです。したがって，それは反面からみれば，隣地所有権の内容を制限するものであり，その犠牲を強いるものなので，隣地通行権の発生の有無については，厳格に解されるべきでありましょう。

　この趣旨から，民法210条が隣地通行権の要件として定める「他の土地に囲まれて」とは，袋地の利用を最小限度で可能にするために，他人所有の土地（他人が地上権などの排他的権利にもとづいて支配している土地の場合も同じです）に囲まれている状態を意味するということになります。

　そこで，二筆の土地（三筆以上でも同じ）が隣接していて，その一方は道路に接しているが，他方は接していない場合であっても，その二筆の土地が同一人のものであれば，道路に接していない土地でも袋地ではないことになります。つまり，自分の土地を通行して道路に出られるかぎり，その土地は袋地ではないということです。二筆の土地が同一人のものであるというのは，土地登記記録上，もともと別筆の土地である場合と，最初一筆であったものを分筆した場合とが考えられますが，いずれの場合も同じで，隣地通行権は発生しません。

3　隣接地取得と隣地通行権の消滅

　このように，隣地通行権は袋地の利用ができるようにするために，囲繞地が他人の所有であることを前提として，現実の要請に応じてその必要な限度において，袋地所有権の内容を拡張して，法律上当然に発生するという性格のものなので，その要請が消滅してしまえば，隣地所有者に犠牲を強いる根拠がなくなり，隣地通行権は消滅すると考えるべきでしょう。したがって，袋地を，それと隣接する道路に接する土地の所有者が売買や相続などにより取得すれば，もはや袋地に付着していた隣地通行権は，存続させておく必要はなくなり，消滅すると解すべきことになります。このことは，逆に，囲繞地所有者が袋地

を取得した場合にも同じことがいえます。

　もっとも，隣地通行権が認められていた場所に，別に当事者が通行地役権を設定していた場合には，その通行地役権までもが消滅してしまうわけではありません。

　なお，隣地を取得した場合でなくとも，隣地に通行地役権あるいは通行を目的とする賃借権などを設定したために，袋地が，その土地を通じて道路に通ずるようになった場合にも，隣地通行権は消滅すると解する見解もあります。

4　設問の場合

　設問の場合，乙地の所有者であるBが，当初甲地を通行していた経緯が，民法210条による通行なのか（もともと別筆だった場合），あるいは民法213条による通行なのか（甲地と乙地は元一筆の土地であったものを分筆譲渡した場合），明らかではありませんが，いずれにしても，道路に接する丙地を所有するCが乙地を買い受けたことによって，同一所有者となり，袋地性が消滅したのですから，もはやCにAの犠牲において，甲地内の通路の通行を認める必要はなくなったといえましょう。したがって，甲地に付着していた隣地通行権は消滅したことになります。

5　具体例

　これまでの説明と同じ考え方をした下級審の判例があります。

　図18-2のY所有の甲地は，袋地であるとして，囲繞地であるX所有の乙地および丁地の一部（aないしc通路部分）に対して隣地通行権を認めて，Xに対し板塀の撤去と通行妨害禁止を命じた前訴の確定判決があるところ，その後Yが，公道に通ずる丙地および丁地の所有権を取得したので，甲地は袋地でなくなったとし，Xがa通路に対する前訴の確定判決の執行力の排除を求めて訴訟を提起した事案において，裁判所は，丙，丁両地が，甲地を所有するYという同一人に属することになったことにより，甲地からの通路が確保でき，丙，丁地を通って公道に出られるのであるから，甲地は袋地ではないと判断して，Xの請求を認めたものがあります（東京地判昭48・5・14判時721-

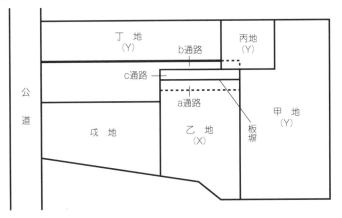

図18-2

40，東京高判昭48・10・30東高民時報24-10-187）。つまり，これまで前訴の確定判決によって認められていた隣地通行権が，その後の所有権の変動により消滅したとされたのです。

6　その他の消滅事由

　このほか，裁判所によって，いったん成立した隣地通行権が消滅するとされたものに，つぎのような例があります。
　（1）　新通路が開設されれば隣地通行権は存続の必要性はなくなるわけで，この場合も隣地通行権は消滅するとされます（大阪地決昭58・5・26判タ503-100）。ただし，そのためには，その新通路が袋地の利用を合理的にできるようなものでなければならないでしょう。
　（2）　公道との間に著しい高低差があるため，準袋地とされていたものが，その後，2階建に増築されたことにより，2階の出入口が公道に通ずるようになったため，隣地通行権が認められなくなった事案があります（東京地判昭57・3・15判タ475-117）。

19 通行地役権とその設定契約

私道の通行を確保したいので，私道所有者との間で通行地役権を設定したいのですが，どのようにしておけばよいのですか？

A・・・・・

1 通行地役権

　一般に地役権とは，設定行為で定めた目的に従い，自己の土地の便益のために，他人の土地を利用できる権利ですが（民法280条本文），そのうち，この目的の便益の内容として他人の土地を通行できるものを通行地役権といいます。この便益を受ける土地を「要役地」といい，通行に供せられる土地を「承役地」といいます。

　他人の土地を通行するには，その土地について賃貸借契約等の債権契約を締結しても目的は達せられますが，その場合は原則として賃借権者などの独占的利用になるのに対し，通行地役権を設定すれば，その土地を地役権者のみならず，承役地の所有者も通行でき，さらに第三者との間で重複して設定することも可能です。したがって，この権利は共用権的性格をもち，二つの土地の利用を調節する機能をもっています。同じような権利として，公道に至るための他の土地の通行権（袋地通行権，囲繞地通行権，法定通行権，隣地通行権。以下「隣地通行権」という）がありますが（Q5参照），隣地通行権が袋地所有権の内容として法律上当然に認められるのに対し，通行地役権は，原則として当事者の契約によって成立し，その内容も当事者の意思によって定められます。ただし，その効力は，相隣関係における公の秩序に反しない内容に限られるものとされています（民法280条但書）。

　通行地役権は，性質上，要役地の所有権に従属しているものの（民法281条），要役地所有権とは別個の権利として扱われ，民法177条に

より登記をしなければ第三者に対抗できず（Q24参照），登記が問題とならない隣地通行権とはこの点においても異なります。なお，通行地役権の成立について，他に通路があるかどうかは無関係です。

2　設定契約のしかた

通行地役権は，遺言，譲渡，相続，取得時効などによっても取得できますが，実際に多くみられるのは，設定契約と時効による取得

図19-1

> | 収入 印紙 |
>
> **通行地役権設定契約書**（有償の場合）
>
> 第1条
> 　承役地の所有者乙野二郎は令和5年4月1日要役地たる東京都文京区目白台1丁目8番3宅地500平方メートルの通行の便益に供するため承役地たる同所同番2宅地600平方メートルのうちの西側50平方メートルに地役権を設定し，要役地の所有者たる甲野太郎は右通行権を取得した。
>
> 第2条
> 　前条の承役地に開設すべき道路は，別紙図面のとおり土地の西側長さ10メートル幅5メートルとし，公道から要役地に通ずるには右道路を通行するものとする。
>
> 第3条
> 　甲野太郎は，本地役権設定の対価として，乙野二郎に対し，本契約締結と同時に金○○○○円を支払い，かつ，毎年12月末日限り金○○○○円を持参または送金して支払うものとする。
>
> 第4条
> 　本件地役権の存続期間は無制限とする。
> 以上の契約の証として本契約書を2通作成し，各当事者署名押印のうえ各自1通を所持する。
> 　　　令和5年4月1日
> 　　　　東京都文京区目白台1丁目8番3号
> 　　　　　承役地所有者
> 　　　　　　　　　　　　乙　野　二　郎　㊞
> 　　　　東京都文京区目白台1丁目4番10号
> 　　　　　地　役　権　者
> 　　　　　　　　　　　　甲　野　太　郎　㊞

（Q22参照）です。設定契約による場合には，明示のものと黙示（Q21参照）のものとがあり，また，まったくの黙示でなくとも，通行承諾の合意がある場合には，それにより通行地役権設定契約の成立が認められることもあります。

　明示の設定契約を締結する場合に特に留意すべき事項は，およそつぎのとおりです（図19-1）。

（1）　**契約当事者**　通行地役権設定の当事者として適格を有する者は，まず要役地および承役地の所有者です。学説は，地上権者，永小作権者，対抗力を有する賃借権者についても認めてきましたが，判例は賃借権者には対抗力の有無を問わず認めず，平成16年の民法改正は，その趣旨を明確にしたものと解されますが，議論もあります（Q20参照）。

　なお，承役地が共有である場合には，共有者の一人が設定契約を締結しても無効であるとされています（東京地判昭48・8・16判タ301-217）。

（2）　**承役地および要役地の特定**　通行地役権の対象となる土地を特定しなければなりません。特定の方法としては，所在地，地番，地積によってすることになります。通行地役権は，理論上は一筆の土地の一部のために設定することは可能ですが，現行の不動産登記法上は要役地は一筆の土地であることが必要とされ，登記手続的には土地の一部のために設定することは認められていません（不動産登記法80条）。これに対し，承役地は，一筆の土地の一部の上についても成立するとされています。その場合の特定の方法としては，たとえば，「東側の長さ10m，幅4mの40m²の土地」というように表示したうえで，さらに図面を作成しておくべきでしょう。なお，不明確な部分があっても，それで直ちに無効になるのではなく，合理的な解釈によって補うことができま

図19-2

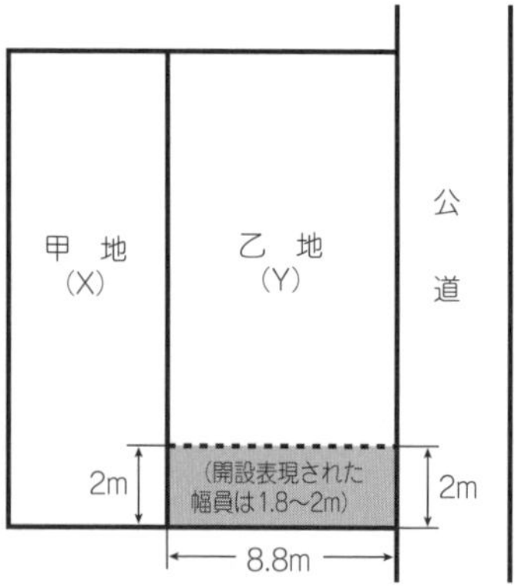

す。その例として，裁判所が認定できた実際の幅員は，1.8mないし2mであったが，約定の幅員がそのいずれとも確認することができない場合には，一般車両の通行の必要性や建築基準法43条1項の規定などから合目的的に解釈して幅員2mとしたものがあります（神戸簡判昭50・9・25判時809-83・・・図19-2）。

（3）　目的の明確化　　地役権設定の目的として，要役地のために承役地を通行の用に供する旨を明確にしておきます。

（4）　存続期間　　民法に定めはありませんが，通行地役権の存続期間を定めることができると解せられています。期間をどのように定めるかについて制限はありません。期間を定めない設定契約も有効です。

（5）　対価　　地役権について，その内容として対価を定められるかどうか見解が分かれています。判例はこれを否定していますが（Q4参照），別の債権契約を締結することにより支払うことは認めているので，実際上は差がなく，学説は対価を認めています。なお，通路を開設する場合，誰がその費用を負担するかは問題があり，契約締結の際，明確にしておくべきです。

（6）　特約の定め　　地役権は，性質上，要役地の所有権にともなって移転しますが，当事者が特にこれと異なった特約をすることもできます（民法281条）。たとえば，現在の要役地所有者だけに通行地役権を認めるといったような場合です。また，承役地の所有者が，その費用をもって地役権行使のために工作物を設置する義務を負うなどの特約をすることもできます（民法286条）。いずれも登記しておかなければ第三者に対抗することはできません（民法177条）。

（7）　解除条件の定め　　いったん通行地役権設定契約を締結しても，将来要役地に接して公道が設置されることが予想され，その場合には通行地役権を維持・存続させる必要がなくなるときは，公道が開設された場合には通行地役権は当然消滅するという条件（解除条件）を付することも認められます（東京地判昭52・4・28判時877-79参照）。

20 借地人と通行地役権

Q Aから土地を賃借して建物を所有し，20年以上もB所有の隣地を通路として日常生活の便宜のために通行しています。通行地役権を取得したことにはなりませんか？

1 借地人と通行地役権

　民法280条によれば，地役権を取得できる者は，他人の土地を「自己の土地」の便益に供することができる者ということになってます。そこで「自己の土地」の意義が問題となり，これを自己所有地に限るとみれば，通行地役権を取得できる者は要役地の所有権者しかありません。しかし，実際上の必要からは，建物所有を目的とする借地人にも取得を認めるべきではないかとの議論があります。

　通常，建物所有を目的とする借地人という場合には，地上権者と土地賃借権者との両者を含んでいますが，地上権者が通行地役権を取得できるかどうかについては，その所有権と同じ物権としての性質や公道に至るための他の土地の通行権（袋地通行権，囲繞地通行権，法定通行権，隣地通行権）の規定が地上権者にも準用されている（**民法267条**）ことなどから，所有権者に準じて認めることができるでしょう。

　問題は土地賃借権者の場合で，学説には賃貸借契約が債権契約であることなどを理由に通行地役権の取得を否定するものもありますが，従来の傾向としては，いわゆる賃借権の物権化から，これを肯定するのが大勢でした。もっとも，物権化といっても対抗力がある場合に限るのか，あるいは単なる占有でもよいのかについては，前者が有力ですが，はっきりしていません。

2　具体例

　これに対し，従来の判例の態度は，土地賃借人は他人の土地を自己の土地の便益に供する者とはいえないとして，土地賃借人による通行地役権の時効取得を否定しているので（大判昭2・4・22民集6-198），設定契約その他による通行地役権の取得も認めない趣旨であると理解されています。下級審の判例もこれに従っています（もっとも，傍論ながら，賃借人にも地役権設定契約を締結できる可能性を示唆したものや〔東京地判昭45・9・8判タ257-238〕，対抗力ある賃借人に地役権を認めたもの〔東京高判平4・11・25判タ863-199〕もあります。なお，下記の原審の判断も参照）。

　図20-1の事案は，Xはその所有する甲地の一部（a部分）を，Aが所有する乙地を建物所有の目的で賃借しているYが通行したり，そこに構造物を設置したりしているので，Yの通行禁止や構造物の撤去などを求めて訴えを提起したところ，これに対してYが抗弁として通行地役権の時効取得を主張したケースと思われます（事実関係ははっきりしない）。原審（第二審判決）は，「Yのような建物所有を目的とする土地賃借人は賃借地の利用価値を高めるため賃借地を要役地，他人所有地を承役地とする地役権を設定することができると同時に，自らのために賃借地を要役地，他人所有地を承役地として時効により地役権を取得することもできる」として土地賃借人による通行地役権の取得を認めましたが，上告審である東京高等裁判所は，先の判例の見解にしたがって「地役権者となりうる者は土地所有権者その他土地を直接支配できる物権者であり，Yのごとき土地賃借人は，地役権の取得者にはなりえないものと解するのが相当である」としてこれを否定しました。

　このほか同旨のものとして，東京地判昭30・9・21下民集6-9-2040，東京高判昭50・1・29高民集28-1-1があります。

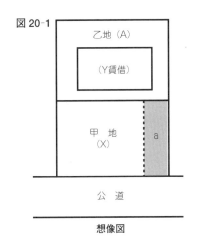

図20-1

乙地（A）

（Y賃借）

甲　地
（X）

a

公　道

想像図

3　民法の改正

　平成16年に民法の現代語化の改正がなされた際，民法280条が他人の土地を「自己便益に供する権利」と規定していることを前提としたうえで，同法281条1項が「地役権は，要役地（地役権者の土地であって，他人の土地から便益を受けるものをいう。以下同じ。）……」と追加改正されました。この場合「地役権者の土地」について実質改正はないと解すれば，従来どおり所有権者に限らないと解することになるでしょう。

21 黙示の通行地役権

Q いままで長年通行していた私道について，その所有者から今後は通行しないでくれと言われました。通行に関する契約書などなく，明確な約束はありませんが，通行地役権を主張することはできませんか？

A・・・・・

1 黙示による通行地役権の取得

　自己の土地（要役地）の便益のために，他人の土地（承役地）を通行できる権利を通行地役権といいます（民法280条）。通行地役権は，時効（Q22参照）や遺言・譲渡・相続などによっても取得できますが，設定契約による場合が原則です（Q19参照）。

　通行地役権の設定契約は，原則として要役地の所有者と承役地の所有者との間で締結されることになりますが，必ずしも契約書を作成する必要はなく，口頭での契約でも差し支えありません。さらに明示の契約である必要もなく，黙示による場合でも認められます。現実には，黙示による設定契約の成立が認められる場合が多く，特に分譲地内の私道についてはその傾向があります。黙示による場合，どのような事実があれば通行地役権の設定契約の成立が認められるかは，結局は裁判所の認定によるわけですが，単に通行の事実があり，被通行地の所有者がこれを黙認しているというだけでは足りず，さらに通路の外観を有し，所有者がこれに通行権を設定し，法律上の義務を負担することが客観的に合理的であるとの特別の事情が認められることを要するというべきでしょう。そうすると，私道に土地を出しあって相互に通行の利益を享受している場合とか，対価が支払われている場合などは認められやすいことになりますが，所有者が単に通行に対し異議を述べなかったというだけで通行地役権の成立を認めることは，権利

成立による所有者の受ける義務や不利益を考えると，妥当ではないことになります（東京高判昭49・1・23東高民時報25-1-7参照）。

2　具体例

判例によって黙示の通行地役権の設定契約の成立が認められた事案にはつぎのようなものがあります（なお，最判平10・2・13民集52-1-65も参照）。

（1）　**分譲地に関する事例**　分譲地内にある私道については，①一団の土地を数個に分割して譲渡するについて開設された私道につき，各譲受人が，その私道敷の一部ずつを買い受けた場合には，分譲地の所有者となった者の間に，相互に自己の敷地を要役地，他人の私道敷部分を承役地とする，いわゆる相互交錯的な通行地役権が暗黙のうちに設定されたとするものと，②私道敷の所有権を分譲者が留保した場合には，分譲者と分譲地取得者との間に黙示の通行地役権が設定されたとみるものとがあります。

（a）　分譲者が分譲地取得者のために私道を開設しその私道敷をも分割して各分譲地買受人に分譲した場合については，図21-1の事案があります。

図21-1における付近一帯は，元一筆の土地でAが所有していたものですが，Aはこれを甲地および乙地などに分筆して，甲地をY₁に，ついで乙地をBにそれぞれ譲渡し，乙地はさらにXに譲渡されました。Aは分筆にあたり，各分譲地の一部を提供させて私道敷とするものとし，私道の中心線に分割地の境界線が走るように私道敷の半分ずつを提供する義務を買受人に負担させて売り渡しました。このため，Xを含めて私道に接する土地の所有者は，自動車が自由に出入りできる1間半の幅員の私道を通行できていたところ，Y₁が突然土地の境界までは自分の土地だから自由にできるはずだとして私道敷の一部にコンクリ

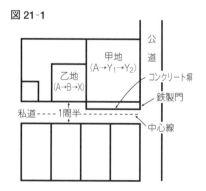

図 21-1

ート塀や鉄製門を造り私道の幅員を狭めてしまいました。そこでXが通行地役権確認等を求めて訴えを起こしたところ、Y₁が訴訟中に甲地をY₂に譲渡したため、Y₁が訴訟を脱退し、かわってY₂がその訴訟に参加してきました。第一審の東京地方裁判所は、Xの主張を認めませんでしたが、控訴審の東京高等裁判所は、つぎのようにいってXの主張を認めています。「Aが分筆にあたり開設した私道は、公道との連絡に通行するためのものであって、分譲地が各人に取得されて、それぞれが別の所有者となった場合は、私道として通行する通行地役権が設定されることが予定されていた。この土地が同一の所有者に属する間は、この関係は利用権として顕在化せずに、休眠しているけれども、分譲によってそれぞれの土地を取得した各所有者は、これを承認して取得したというべきである。すなわち、各所有者が土地を取得するたびに、自分の土地の私道敷に当たる部分は、この私道に接する他の土地のために通行地役権を負担している承役地として、また自分の土地は他の土地の私道部分について通行地役権を有する要役地として、相互に交錯する通行地役権を設定したものと認めるのが相当である」（東京高判昭48・6・28判時714-191）。これは譲受人間に通行地役権の設定契約が成立しているものとみている例ですが（なお、最近のものとして東京地判平16・4・26判タ1186-134参照）、分譲地内における私道について、譲渡人と譲受人との間に相互交錯的な通行地役権設定契約が成立しているとみるものもあります（東京地判昭51・1・28判時821-126）。

（b）　私道敷の所有権を分譲者が留保した場合については、図21-2の事案があります。

図21-2のように、一定区域の土地所有者がこれを区画割りしたうえ、各区画を分譲し、あわせて分譲地から公道へ出るため、あるいは分譲地相互間の往来のための私道を設け、その部分の所有権を自らに留保した場合には、格別の事情のないかぎり、各分譲地のために所有権を留保した私道部分に通行地役権を設定したものとみるのが相当であるとしています（名古屋地判昭57・8・25判時1065-161）。

（2）　**分譲地以外の事例**　　分譲地以外で黙示のうちに通行地役権が設定されたと認定されているものとしては、①要役地となる土地をその賃借人に譲渡した場合に、従前の通路に通行地役権が設定された

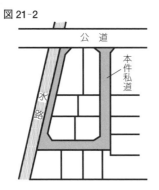

図21-2

公道

本件私道

水路

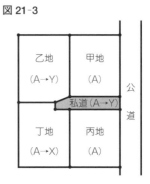

図21-3

| 乙地 (A→Y) | 甲地 (A) |
| 丁地 (A→X) | 丙地 (A) |

私道(A→Y)

公道

とするもの（東京地判昭45・9・8判タ257-238），②遺産分割の際に通行地役権の設定があったとするもの（横浜地判昭62・11・12判時1273-90），③沿道の土地所有者が土地の一部を出しあって開設した私道につき通行地役権の設定を認めたもの（東京地判平2・10・29判タ744-117），などがあるほか，土地賃借人に私道を譲渡した際，土地賃貸人の残地を要役地とする通行地役権の設定が認められたつぎのような事例もあります。

Aは図21-3の四筆の土地（甲ないし丁地）を所有し，各土地および私道を賃貸し，賃借人が私道を無償で通行することを認めていたところ，Aが各土地を分譲することになったため，Yは，Aに対して丁地の土地の賃借人らが私道を通行使用することを認めることを確約したうえで，Aから私道を含む乙地の土地を譲り受けました。ところが，Yが丁地の土地の譲受人であるXの私道の通行を妨害するため，XがYに対し，AとYとの間で丁地の土地を要役地，私道を承役地とする黙示の通行地役権設定契約が締結され，ついでXがAから丁地の土地を買い受けたことにより私道の通行地役権を承継取得したとして，私道に対する通行地役権の確認等を求める訴えを提起したところ，裁判所は私道を含むA所有の土地の分筆分譲の経緯を認定したうえで，AとY間で私道の売買契約までにX主張の黙示の通行地役権設定契約が成立したとしてXの主張を認めました（東京地判昭60・4・30判時1179-85）。

なお，比較的最近の事例としては，従前から自動車通行がなされていた事実，建築基準法上の2項道路であること，自動車通行に苦情が出ていなかったこと，などから黙示の通行地役権の設定合意があった

3 通行地役権とはなにか

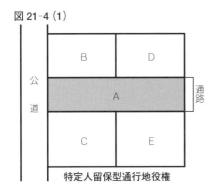

図21-4 (1)

特定人留保型通行地役権

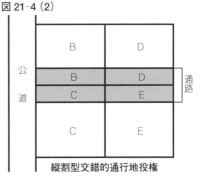

図21-4 (2)

縦割型交錯的通行地役権

としたものがあります（東京地判
平27・4・10判タ1421-229）。

3 類型化

　裁判所によって認定されている
黙示の通行地役権の成立につい
て，学説によって類型化の試みが
なされています。

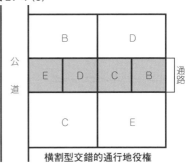

図21-4 (3)

横割型交錯的通行地役権

　（1）　図21-4(1)のような特定
人留保型の通行地役権は，土地分
譲の際に，通路が売主Aに留保されて通行の用に供されている場合で
す（中野簡判昭39・2・24判時370-41, 東京地判昭41・6・25判タ194-155, 大阪
高判昭49・3・28判時762-32）。

　（2）　図21-4(2)の縦割型の交錯的通行地役権は，通路敷を中心線
でカットしてその両側の分譲地所有者BないしEに帰属させている場
合です（東京高判昭32・6・17下民集8-6-1101, 東京高判昭40・12・23判タ189-
167, 東京高判昭48・6・28判時714-191）。

　（3）　図21-4(3)の横割型の交錯的通行地役権は，通路敷を横に割
って分譲を受けたBないしEが相互にアトランダムに所有しあうもの
です（東京地判昭51・1・28判時821-126）。

　（4）　このほか法定通行型というものがあり，これは通行に関する
合意が，公道に至るための他の土地の通行権（袋地通行権，囲繞地通

行権, 法定通行権, 隣地通行権) の確認に相当するときに認められるとされるものです (福島地判昭40・1・28下民集16-1-147, 神戸簡判昭50・9・25判時809-83)。

　なお, 本問については, 私道の法律問題〔第7版〕279頁以下を参照してください。

22 通行地役権の時効取得

Q 長年，何の話合いもないままに，隣地を公道に出るまでの通路として通行していましたが，こんど突然所有者から通行をしないように言われました。通行地役権の時効取得を主張できませんか？

1 時効取得の要件

通行地役権は時効によっても取得できます。要件としては，「継続的に行使され，かつ，外形上認識することができるものに限り」（民法283条），そのうえで他人の土地を自己のためにする意思をもって20年以上平穏・公然に通行してきたか，あるいは10年以上平穏・公然に通行し，かつ自己に通行地役権があると信じ，そう信ずることに過失がない場合でなければなりません（民法163条）。なお，時効期間は，時効の基礎となる事実が開始したときを起算点として計算すべきもので，時効援用者が起算点を勝手に選択し，時効完成の時期を早めたり遅らせたりすることは認められていません（最判昭35・7・27民集14-10-1871）。

上記の「継続的に行使され，かつ，外形上認識することができるものに限り」という要件は，通行地役権に限らず地役権一般の要件ですが，まず，「継続的」とは，連続して権利の内容が実現されている状態をいい，これを要件としたのは，不継続の地役権は一般的に，他人が行使しても承役地の所有者に格別の不利益を与えるものではなく，もしその行使を所有者が認めるような行動にでても，それは好意的なものであって，地役権を設定するまでの意思をもつものとはみられず，そのような場合には，単なる道義の関係にとどめて，法律的権利関係とみるべきではないということからです。

また，「外形上認識することができるもの」とは，権利の実現が外部的にわかる状態をいいますが，このようなものに限ったのは，外形上認識することができない地役権は公然性がないため，その行使が承役地の所有者にはわからず，このようなものに社会的にみて権利性を認める必要性はなく，もしこれを認めると承役地所有者に酷な結果となって，かえって時効制度の趣旨に反することになるからです。通行地役権について，外形上の認識が可能であることは明らかでしょう。

2　継続的の要件

　通行地役権が時効によって取得される要件としての「継続的」が具体的にどのような状態を意味するかについて，判例と学説では見解が一致していません。もっとも，判例・学説とも，明文はなくとも前提として通路が開設されていることを要するとする点では争いがありません（大判昭2・9・19民集6-510）。

　問題は，通路が誰によって開設されたことを要するかという点です。これにつき，学説は，時効制度の趣旨からみて，通路の開設は必ずしも要役地の所有者によってなされる必要はなく，何人による通路開設であってもよいとしています。しかし，最高裁判所の判例は要役地所有者が開設した通路でなければ時効取得の対象にならないとしています。

　（1）　図22-1において，甲地はもとAの所有地でしたが，転々と譲渡された後Xが取得しました。乙地はもとBの所有地でしたが，これも転々と譲渡された後にYが取得しました。Xが乙地のa部分について，甲地の前所有者が通行地役権を時効取得していると主張しましたが，裁判所は，「継続的」の要件として，承役地たるべき他人所有の土地の上に通路の開設を要し，その開設は要役地所有者によってなされるべきである，としてXの主張を認めませんでした

図 22-1

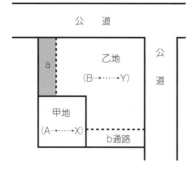

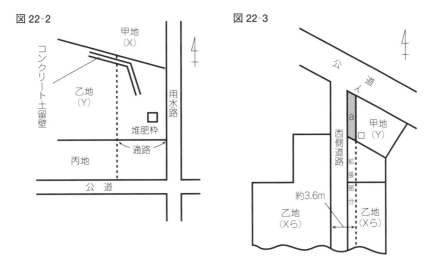

図 22-2

甲地
(X)

コンクリート土留壁

乙地
(Y)

堆肥枠

通路

丙地

公道

用水路

図 22-3

公道

イ

a

西側道路

拡張部分

約3.6m

甲地
(Y)

乙地
(Xら)

乙地
(Xら)

（最判昭30・12・26民集9-14-2097）。もっとも，事案としては，他にX
のために通路（b通路）の存在が認められるものでした。

（2）　図22-2の事案は，Xは甲地を所有し，Y所有の乙地の東側の
一部の通路を長年通行していたところ，Yが通路にコンクリートの土
留壁や堆肥枠を設置して通行を妨害する行為に出たので，Xが通行地
の時効取得を主張したものです。裁判所は前記（1）と同様の理由に
より，Xの主張を認めませんでしたが，その補足意見に，要役地所有
者によって通路が開設された場合ばかりでなく，要役地所有者が自己
の労力または費用をもって通路を維持・管理している場合も含まれる
とした見解が示されています（最判昭33・2・14民集12-2-268）。

（3）　上記判例が出た後の下級審の判例は，ほとんどがこれになら
っていましたが，なかには，学説の見解に近いものもありました。た
とえば，承役地所有者が開設した通路について通行地役権の時効取得
を認めたものや（横浜地判昭43・11・6判時556-76），要役地所有者によ
る道路の維持・管理で足りるとするもの（東京地判昭44・12・24判時
593-61，名古屋地判昭57・8・25判時1065-161）などです。そして，最高
裁判所も，つぎのような事案においては，要役地所有者による通路の
開設があったとしています（最判平6・12・16判時1521-37）。

図22-3において，Ｙが所有する甲地のうち本件土地（a部分）は，西側道路と接する幅約0.96ｍの土地です。Ｘらは西側道路の両側の乙地の所有者であり，西側道路を北側の公道へ出るための通路として使用してきました。Ｙは昭和43年ころ，甲地上に工場および自宅を建築し，その際，イロ線上にフェンスを設置しました。Ｙがこのフェンスをイロ線上に設置したのは，Ｘらから，西側道路の拡幅のために土地を提供するよう強く要求されたからです。Ｘらはこのフェンス設置と同時期に，自己所有地を提供したり，あるいは費用を負担したりして西側道路の拡幅を行い，その結果，西側道路は幅員3.6ｍの道路として整備され，a部分も拡幅部分の一部となりました。Ｘらはその後20年以上にわたって土砂を入れたり，除草するなどして西側道路の維持・管理を行うとともに，拡幅された西側道路を通路として使用していました。ところが，平成3年になって，Ｙが甲地と西側道路との境界線上に新たにフェンスを設置し，西側道路を狭めて，a部分についてのＸらの通行を妨げたところから，Ｘらがa部分についての通行地役権の確認および新フェンスの撤去を求めたものです。

3 通行権の範囲

時効によって通行地役権を取得した場合，その対象となる土地（承役地）の範囲は，現実に通行の用に供されていた部分の限度に限られることは当然です（東京地判昭51・1・28判時821-126）。学説も，地役権は数個の土地の間の利用を調節するものであるから，地役権の内容は，地役権の目的を達成するのに必要であり，かつ承役地所有者にもっとも損害の少ない範囲に限るべきだとしています。

なお，時効期間進行中に，通行の用に供していた土地の範囲に多少の変動があっても，原則として時効完成時の利用状態で時効取得の範囲を判断して差し支えないというべきでしょう。

23 通行地役権の効力

Q 通行地役権をもっていると私道を自動車で通行することができますか。また，排水管などを設置することは認められますか？

A・・・・・

1　通行地役権の効力

　通行地役権を有する者が，最低，承役地を徒歩により通行することができることは当然で（Q1参照），承役地の所有者は，通行地役権者の通行を受忍し，その障害となるような行為をしてはなりませんが（Q41参照），それ以上に通行地役権を有することにより，どのような効力が認められるかということです。ここでは通行地役権の効力に含まれるかどうかが問題とされた事項について，下級審の判例からみてみることにします。

2　具体例

（1）　通行地役権に自動車による通行が含まれるかどうか

　これは結局，公道に至るための他の土地の通行権（袋地通行権，囲繞地通行権，法定通行権，隣地通行権。以下「隣地通行権」という）と自動車通行の関係と同じく（Q7参照），社会通念に照らし，付近の地理状況，関係当事者間の利害得失，その他諸般の事情を考慮して，具体的，個別的な事情に応じて判断されるべきことになります。

　①含まれるとした例

　　ⓐ図23-1において，甲₁地ないし甲₃地はXの所有地であり，乙₁地ないし乙₃地はYの所有地です。Xは甲₂地および甲₃地を，Yは乙₁地ないし乙₃地を，それぞれ提供して公道に通ずる私道を開設し，その際Xが甲₁地から公道に出入りするために乙₁地ないし乙₃地を承役

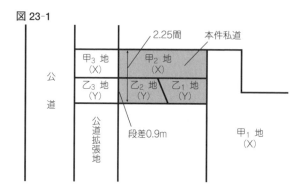

図 23-1

地とする通行地役権が設定されました。その後，甲₃地と乙₃地とが東京都に買収され，公道の拡張工事がなされた結果，公道の路面が私道よりも約0.9m低くなって，そのままでは従前のようにＸが自動車で通行することができなくなったので，Ｘが乙₂地を削って段差を除去する工事に着手しようとしたところ，Ｙがその妨害をしてきました。そこで，Ｘが本件私道を自動車により通行する権利を有するかどうかが争点となり，裁判所は，およそつぎのようにいってこれを認めました。「従前公道と段差なく平坦に接続して通行に供されていたことが認められ，その幅員が2.25間あることは当事者間に争いがなく，本件私道の通行地はこのような地形と幅員とにおいて通常期待できる通行の便益をその内容としているものといえるのであって，このような幅員を有する私道は人間のみならず車馬の通行も許されているものとみるほかない。したがって，本件私道の通行地役権は，人間のみならず自動車の通行も含むと認められる。」（東京地判昭43・10・11下民集19-9・10-602)

　　ⓑ幅員4mの通路について，今日の社会情勢から自動車による通行は一般的に必要であるばかりでなく，常識化されており，火災時の消火活動なども考慮すべきだなどとして通行地役権には，自動車による通行も含まれるとしたものがあります（千葉簡判昭45・7・13判タ256-239）。

　　ⓒ私道の幅員が当初から4mあり，車両通行の用に供されていて，トラブルが生じていなかったことから，自動車通行も含むとした

ものがあります（東京高判平10・10・15判時1661-96）。

②含まれないとした例

遺産分割がなされたときに通行地役権の黙示的設定があったとみられる場合に，自動車による通行が主張された事案につき，その場所とほぼ一致する旧通路について一時期自動車による通行がなされていた事実はあるが，旧通路の幅員は1.7mであるためその通行は徐行であったとみられ，また，ある時期からは家の新築等特別の場合以外は自動車による旧通路の通行をさせていなかったと認められ，したがって，通行地役権の内容として自動車の通行を前提とするのは相当でないとしたものがあります（横浜地判昭62・11・12判時1273-90）。なお，東京地判昭58・4・25判時1097-55，東京地判平7・8・23判時1566-53も参照してください。

③自動車による通行を一定の範囲に制限した例

ⓐ私道の幅員2mからみて，従前は自動車による通行が予定されておらず，一般的に自動車による通行を認めるには，具体的な通行の危険性を排除することができないなどから，必要不可欠なごく例外的な場合を除いて，沿道敷地内に2台程度の自動車を駐車させ，これを沿道の住民のように本件私道の危険性を熟知した者が頻繁とはいえない程度に運行させる程度にとどまるとしたものがあります（東京地判平2・10・29判タ744-117）。

ⓑ上記の控訴審では，私道の利用状況，道路構造その他の諸般の事情を考慮すると，自動車の通行は，1住宅当たり1台とし，土地分譲業者の駐車場については，2台以内の自動車を駐車させるために通行する範囲にとどまるとしています（東京高判平4・11・25判タ863-199）。

（2）　下水管・上水道管・ガス管等の設置

裁判所が直接説くところは隣地通行権についてですが，通行地役権にも適用されるとして，通行地役権者は，下水道法11条，民法210条ないし213条を類推適用して，下水排水設備，上水道・ガスの導入設備を，その対象となる通路にその所有者の承諾なくして設置できるとしているものがあります（神戸簡判昭50・9・25判時809-83）。なお，通行地役権のみならず別に下水道の設置利用をも目的とする地役権の成

立を認めているものもあります。（東京地判平16・4・26判タ1186-134）。

　その後，令和3年の民法改正により，電気，ガス，水道については明文がおかれ，立法的に解決されました（民法213条の2）（Q49参照）。

（3）　その他

　通行地役権の内容として，公道からまったく要役地所有者の居宅がみえない場合に，通行地役権に付随する権能として，承役地上に表札を設置することができるとしたものがあります（東京地判昭62・11・30判時1282-130）。

24 通行地役権の対抗力

Q 隣地を通行するについて，その所有者との間で通行地役権を設定しましたが，登記はしませんでした。このたび隣地が第三者に譲渡されたところ，その譲受人から通行地役権の登記がないから通行は認められないと言われました。そうなのでしょうか？

1 通行地役権と登記請求

　通行地役権は，要役地に従属する権利ですが（民法281条），公道に至るための他の土地の通行権（袋地通行権，囲繞地通行権，法定通行権，隣地通行権。以下「隣地通行権」という）とは異なって，要役地所有権とは別の権利であり，民法177条にいう物権として，その取得した権利を第三者に主張するには，原則として対抗要件としての登記をしなければなりません（不動産登記法3条）。通行地役権設定登記手続請求権は，地役権者が地役権設定者に対して行使するものです。従来の下級審の判例には，要役地を売買などによって取得し，それにともなって通行地役権を承継取得した者は，承役地の転得者に対してその地役権を登記なくして対抗できる場合であっても，他に特段の登記原因がない場合には，通行地役権設定登記手続を求めることは認められないとするものがありました（東京高判平8・7・23判時1576-44）。しかし，最高裁判所はこれを覆し，登記請求権を認める判断を示しました。すなわち，通行地役権の承役地の譲受人が地役権設定登記の欠缺を主張するについて正当な利益を有する第三者に当たらない場合には，地役権者は，譲受人に対し，同権利に基づいて地役権設定登記手続を請求することができるとしたのです（最判平10・12・18民集52-9-1975）。なお，要役地が共有の場合は，各共有者が単独で共有者全員

のために，共有物の保存行為（民法252条）として，登記手続が請求できるとされています（最判平7・7・18判時1544-56）。

　対抗要件としての登記が必要な通行地役権の取得原因は，設定契約に限らず，時効取得の場合も同じです（大判昭14・7・19民集18-856）。したがって，一般論としては，通行地役権を時効取得した者は，その時効完成前に承役地を取得した第三者には登記なくして対抗できますが，時効完成後に承役地を取得した第三者には登記なくしては通行地役権を対抗できないことになります。

2　第三者の範囲

　登記なくして対抗できない第三者の範囲について，民法177条は何ら規定していません。そこでその範囲が問題になりますが，判例によれば，その第三者とは，「登記の欠缺を主張する正当の利益を有する者」としており，学説もこれに賛成しています。具体的にどの範囲の者までをいうかは問題がありますが，通行地役権についていえば，原則的には承役地の所有権取得者ということになります。

　第三者の範囲を，登記の欠缺を主張する正当の利益を有する者と制限するについては，その第三者が通行地役権が存することを知っていたか否かという善意悪意を問わないとされていますが，不動産登記法5条に類するような背信的悪意者の場合は第三者から除外されると解されています。

　この見解の原則に沿って，登記がなければ通行地役権を第三者に対抗できないと判断している下級審の判例がいくつかありますが（福岡高判昭47・2・28判時663-71など），通行権の問題としてみれば，隣地通行権などの他の通行権が認められて，具体的な問題としては通行が確保されています。

3　未登記通行地役権の対抗力

　登記の欠缺を主張する正当の利益を有する者の範囲から，背信的悪意者を除外するだけであれば，未登記の通行地役権者を保護する範囲はあまり広くはならないでしょう。そこで，これまでの下級審の判例はそれに限定せずに，さまざまな解釈上の工夫をして，実際上の必要

からできるだけ登記のない通行地
役権者を保護しようとしていま
す。これらの判例をどのように分
類するかというと，学説には，①
取引動機の不法性タイプ，②通行
認否に関する利益衡量タイプ，③
禁反言タイプ，④法定通行権タイ
プ，に分ける見解があります。い
くつか例をあげてみましょう。

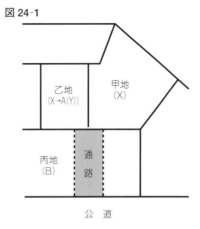

図 24-1

（1）　**背信的悪意者**としたもの
　　　図24-1において，甲地およ
び乙地を所有していたXの先代
は，この二筆の土地のために丙地
の所有者Bとの間に通路部分につき通行地役権を設定しました。その
後相続によりXが甲地，乙地および通路部分の通行地役権を取得しま
した。Xはそのうち乙地をAに譲渡したが，実質上の買主はYで，Y
はX，A間の売買に関与し，通路使用料もXとYとが半額ずつ負担し
てきました。その後Yは通路所有者のBと交渉して，通路全部をあら
ためて通行を目的として賃借するに至りました。そしてYはXに対
し，Xの通行地役権は，登記なくしてYに対抗できないと主張するよ
うになったのです。
　　これについて裁判所は，Yは，X，A間の乙地売買契約に実質上当
事者として関与し，Xの有していた甲，乙両地を要役地とする通行地
役権を承認したうえで，乙地を要役地とする通行地役権を譲り受けた
のであって，このことからすると，Yが通路をBからあらためて賃借
したのは，Xの地役権に登記のないことを奇貨として独占的に通路を
通行の用に供しようとしたのではないかと思われ，このような者が登
記の欠缺を主張することは，著しく信義に反し，Yは登記の欠缺を主
張しうる正当な利益を有する第三者には当たらないとしました（東京
地判昭33・3・22下民集9-3-476）。
　　（2）　**相互交錯的通行地役権**が設定された場合　　Aは，図24-2
の甲地，乙地およびその隣接する土地ならびにその地上にある一棟5

戸の棟割長屋を所有していたところ，Ｘの被相続人を含む長屋の住人らに対し，右長屋の各戸およびその敷地を分譲しました。その時点で，表通りに面しない裏側に幅員1.3ｍの通路状の空地（通路状部分）があり，公道に通じていました。他方，Ｙは高層ビルを建築する目的で右長屋の敷地を含む広大な土地を買収してきたものの，Ｘ所有の甲地については買収できなかったので，乙地の中の通路状部分に鉄板塀を設置するなどして

図24-2

Ｘの通行を妨害しました。そこでＸがＹに対して，前記分譲時に通行地役権が設定されたとして，通路状部分の通行妨害禁止を求めて訴えを提起しました。これに対しＹは，通行地役権の設定を争うとともに，Ｘが登記を具備するまでは通行地役権を認めないとして争いました。

　裁判所は，Ａから分譲を受けるに際し，通路状部分を従前に引き続き各戸のための通路として使用するために，通路状部分を構成する各土地を承役地とし，各戸の敷地を要役地とする通行地役権の設定契約の締結があったとしました。つまり，相互交錯的通行地役権（Q21参照）の成立を認めたのです。そのうえで，このような相互交錯的通行地役権が登記されることはまれで，Ｙは，乙地の買い受け当時，通路状部分が現に通路として使用されていることを客観的に認識することができたし，Ｙは結局甲地を買収することによって通路状部分を通路として使用する必要もなくなることを期待して通行地役権の負担のある土地を買ったものと推認できるとして，これらのことから，Ｙは，Ｘの登記の欠缺を主張しうる正当な利益を有する第三者とはいえないとしました（東京地判昭63・1・28判時1283-121）。

　（3）　当事者の利益，不利益を比較衡量して対抗力を認めたもの

三筆に分かれている一団の土地を所有していたＡは，これに抵当権

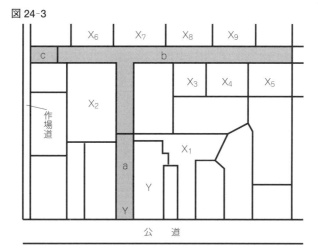

図 24-3

の設定を受けていたB，C銀行に対する返済資金を得るために，両銀
行の同意ないし示唆を受けて，これを分譲することとし，小区画に分
筆して，図24-3のように中央部にT字型の幅員3mの通路を開設しま
した。この通路はa，b，cの三筆に分かれ，Aが保有していたが，主
要な公道に通ずるa部分だけはその後B銀行が競落により取得しまし
た。しかし，前記のような経緯があったため，B銀行もa部分が通路
として使用されることを承認してきました。さらにB銀行からa部分
の東隣りの土地を，ついでa部分を買い受けたDも同じく承認してい
ました。他方，Xら（順次図の関係各区画を取得し，a部分を通路と
して使用してきた者たち）は，その後Dから前記二筆の土地を買い受
けたYが，a部分の通行を妨害するようになったので，通行地役権な
どを主張して訴えを提起しました。訴訟では，登記がないことが争点
となり，第一審はXらの請求を棄却しました。

　これに対し，控訴審は，AおよびB銀行が各区画の譲受人および転
得者のためにa部分を承役地とする通行地役権を設定したものとし，
対抗力については，a部分が通路として開設されていることを知悉し
てこれを取得したYは，右土地につきDに対し通行地役権を有してい
た者との利益衡量上，つまり，これを右権利の承役地としておかなけ
ればならないYの不利益と，通行できなくなることによって多大の不

便を強いられるХら権利者の不利益とを対比した場合，Yは当該通行
地役権につき登記が欠缺していることを主張しうる正当な利益を有す
る第三者には当たらないとしました（仙台高判昭55・10・14判タ431-
104）。

　なお，承役地が通路に供されていることをよく知って買い受けた場
合には，通行地役権が未登記であっても，対抗力を有するとする下級
審の判例が増えています（札幌高判昭58・6・14判タ508-114，東京地判昭
62・1・12判時1264-70，東京地判昭63・1・28判時1283-121，東京地八王子支
判平元・12・19判時1354-107）。また，裁判所の競売手続にからんで，
未登記通行地役権の存在が，現地をみれば認識できたとして，公平の
原則上，承役地の抵当権者，競売の買受人およびそれからの転得者に
対抗できるとした事例も出ています（東京高判平6・9・29判タ876-180）。

　（4）　**隣地通行権の成立が認められる場合**　　Ｘは妹，Ｙは姉であ
るところ，図24-4において，両名の亡父Ａは甲地を，亡母Ｂは乙地
を所有していました。乙地から市道へ出るには，甲地上に通路を開設
しなければならない関係に立ち，ＢはＡの許しを得て市道に出るため
に通路を開設しました。Ｘは乙地を亡母Ｂから譲り受け，前記通行権
も承継しました。他方，Ｙは甲地を亡父Ａの家督相続人から買い受け
取得しました。ＸＹ間にはもともと
感情的な軋轢があり，Ｙは通路にト
タン塀を設置する行為に出てＸの
通行権を妨害しました。そこでＸは
通行地役権などを理由として通行権
の確認および妨害排除の訴えを提起
しました。

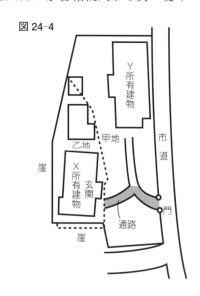

図24-4

　裁判所は，Ａは乙地のために隣地
通行権を認めなければならない立場
にあったのであるから，Ｂが取得し
た合意による通行権は通行地役権で
あるとしたうえで，Ｙは父母の生前
から甲地上の建物に同居し，妹であ
るＸが甲地上の通路を開設以来長

年にわたって引き続いて使用してきたことを承知しており，甲地上に承役義務の負担があることを熟知のうえで甲地の所有権を取得したものであるところ，それにもかかわらず，自己がその所有権者であることをよいことに，Xの通行地役権を否認しようとするのは，信義則に反し許されないうえ，まして，甲地は乙地のために相隣関係による隣地通行権を認めなければならない立場にあることが認められるから，YがXに対し地役権の登記がないことを主張するのは，権利の濫用に当たるとしました（福島地判昭40・1・28下民集16-1-147）。

（5）　禁反言によるもの　　いったん通行地役権を承認して，積極的に特定の場所の通行を強要しておきながら，その後に至り態度を一変して登記の欠缺を主張することは，信義誠実の原則に反するとして，登記の欠缺を主張することはできないとしたものがあります（広島高判昭29・3・11高民集7-3-277）。

4　未登記通行地役権の対抗力についての最高裁判所の見解

（1）　つぎのような最高裁判所の判例があります。「通行地役権の承役地が譲渡された場合において，譲渡の時に，右承役地が要役地の所有者によって継続的に通路として使用されていることがその位置，形状，構造等の物理的状況から客観的にあきらかであり，かつ，譲受人がそのことを認識していたかまたは認識することが可能であったときは，譲受人は，通行地役権が設定されていることを知らなかったとしても，特段の事情がない限り，地役権設定登記の欠缺を主張するについて正当な利益を有する第三者に当たらない。」（最判平10・2・13民集52-1-65）。つまり，通路としてすでに開設されている土地については，原則として通行地役権の登記がなくとも対抗できるとしているのです。

（2）　民法177条の定める「不動産の物権変動は登記しなければ第三者に対抗できない」における第三者の範囲についての従来の最高裁判所の見解は，いわゆる背信的悪意者のような登記の欠缺につき正当な利益を有しない者は，この第三者には当たらず，権利者は，登記なくして対抗できるとしています。ところが，このように第三者から排除される範囲を背信的悪意者に限定すると，通行地役権の場合，実際

に設定されるのは黙示によるものが多く，その場合，登記されること
は期待できないので，通行地役権者が登記がないことにより承役地の
譲受人に対抗できなくなるという事態が常に生ずることになります。
このような結論は妥当でないとして，最高裁判所は，上記（1）に示
すような要件のもとに，登記の欠缺につき正当な利益を有しない者の
範囲を広め，通行地役権の登記がなくとも承役地の譲受人に対抗でき
る類型，つまり信義則違反ともいうべき類型を新たに認め，現実的な
解決を図ったものです。

（3）　その後，担保不動産競売により承役地が売却された場合の未
登記通行地役権の対抗力が問題になった事案が生じ，最高裁判所は，
対抗できるかどうかは競売による売却時ではなく，最先順位の抵当権
設定時の事情によって判断されるべきだとしました（**最判平25・2・26民
集67-2-297**）。これは，担保不動産競売における売却の場合は，登記
されている最先順位の抵当権が把握する経済的価値を重視して，売却
時における事情で判断すべきではないとし，信義則違反による未登記
通行地役権の対抗力の適用範囲を画したものでしょう。

25 通行地役権の消滅

Q 通行地役権はどのような場合に消滅するのですか？

A・・・・・

1 通行地役権の放棄があった場合

　通行地役権者は，承役地所有者のために通行地役権を放棄すること
ができます。登記されている通行地役権については，放棄を第三者に
対抗するにはその旨の登記が必要です（民法177条）。通行地役権の放
棄は，今後の承役地の所有者になる者全員を対象にしたものでなけれ
ばならず，特定の承役地所有者に対する放棄は，本来の放棄ではな
く，その者に対する通行地役権不行使の意思表示というべきでしょ
う。放棄は黙示の意思表示によってなされる場合もあります（肯定
例・・・東京地判昭47・5・30判時687-65，否定例・・・東京地判昭52・4・28
判時877-79）。

2 承役地が時効で取得された場合

　承役地を第三者が所有の意思をもって，20年以上平穏・公然に占
有してきた場合とか，あるいは10年以上平穏・公然に占有し，かつ
自己に所有権があると信じ，そう信ずることに過失がない場合には，
その第三者は承役地の所有権を時効取得します（民法162条）。この場
合，第三者は所有権を何の負担もない権利として取得（原始取得）す
るので，その反面として通行地役権は対抗できないものとなり，消滅
することになります（民法289条）。

3 通行地役権が時効で消滅した場合

　通行地役権は，20年間の不行使によって時効消滅します（民法167
条）。地役権の消滅時効の起算点は，不継続的地役権については最後

の行使のとき，継続的地役権についてはその行使を妨げる事実が生じたときです（民法291条）。したがって，通路が開設していない場合には最後に通行したときから，通路が開設されている場合には通路が破壊されたり，閉鎖されたときからです。もし，通行地役権者が権利の一部しか行使しないときには，その不行使の部分だけが時効で消滅することになります（民法293条）。承役地が共有である場合には，消滅時効は，全共有者について完成したときのみ効力が生ずることになります（民法292条）。

4　解除条件が成就した場合

　通行地役権は，その設定契約の際に，将来通行地役権の存続を認める必要がなくなるような事実が発生した場合（たとえば，新たに公道が開設された場合）には，消滅するとの解除条件を付することは合理性があり許されると解せられます。この問題を扱った下級審の判例につぎのようなものがあります。

　図25-1における甲ないし丁およびAないしEの土地は，全体としてもとNの所有であったところ，Nはこれを4戸分の建売住宅として分譲し，その後，いくつかの権利移転を経て，現在は，A地を含む甲地はX₁の，B地を含む乙地はX₂の，C地を含む丙地はX₃の，D地を含む丁地およびE地はYの，それぞれ所有となっています。F地についてはNが分譲するときから甲ないし丁地の4名の共有にすることと

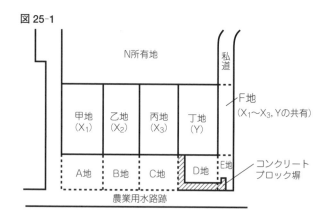

図 25-1

し，各区画が譲渡されると，F地の4分の1の共有持分もこれにともなって譲渡されてきました。XらおよびYの所有地のうち，AないしE地の部分は共有のF地から私道に通じ，駅への近道であるため，Nによる分譲時から各区画所有者が相互交錯的な通行地役権を設定し，それが承継されてきました。ところが，Yが自己所有地であるDおよびE地内にコンクリート・ブロック塀を設置し，その上に植木を植えてXらの通行を妨害するようになりました。そこでXらはYに対し，DE通路の通行地役権確認とコンクリート・ブロック塀等の撤去を求めて訴えを提起しました。これに対しYは，各区画の南側に接している農業用水路が道路となったときには，この通行地役権は消滅するとの約定があり，現にこの水路は下水道化されて暗渠になり，地上部分は事実上の道路となっているとして争いました。

　裁判所は，この農業用水路は，事実上道路化さているとはいえ，法律上は水路であるから，DE通路の通行地役権を消滅させると，Xらの建物敷地は建築基準法43条の接道要件を充たさなくなるので，この通行地役権を存続させる必要性があり，地役権設定契約の解除条件は成就していないとしました（東京地判昭52・4・28判時877-79）。

5　目的の消滅

　通行地役権設定の目的が消滅することによって，通行地役権が消滅するとみられる場合があります。もっとも，地役権者の行為によって目的が消滅した場合には，黙示の地役権の放棄とみることもできるでしょう。

　この問題を扱った下級審の判例につぎのようなものがあります。

　図25-2において甲地を所有するAは，甲地上にあったアパートの住民らの通行を確保するために乙地の所有者Yに対し，a部分について通行地役権を主張し，通行妨害禁止の訴えを提起しました。その後，金融機関であるXが甲地とともにa部分

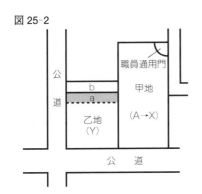

図25-2

の通行地役権を買い受けたとして，その訴訟に参加し，Aは訴訟から脱退しました。原審がXの請求を棄却したので控訴したXは，甲地を含め，アパートを鉄筋コンクリート造りの店舗に建て替え，通路a，b部分に接する部分に出入口のないコンクリート塀をほぼ敷地いっぱいに建てました。そこでYは自己使用の必要性と事情変更の原則にもとづいて通行地役権設定契約を解除する旨の意思表示をして通行地役権の消滅を主張しました。

これについて裁判所は，Yの主張には，通行の目的が消滅したので通行地役権も消滅した旨の主張も含まれているとしたうえで，甲地には，通路a，b部分に面して出入口のない堅固な建物が完成し，そこには金融機関の機密上，防犯上から出入口を設けることはないと思われるので，甲地から上記通路を通行して公道に出ることは社会通念上ありえなくなったというべきであるとし，a部分は今後その要役地である甲地の便益に供することがないから，通行地役権は通行目的の消滅により消滅したと判示しました（大阪高判昭60・7・3判タ569-58）。

6　その他の消滅事由

以上のほか，通行地役権が消滅する場合としては，①通行地役権の存続期間が満了した場合，②通行地役権者が承役地の所有権を取得して権利の混同が生じた場合，③目的地が自然消滅した場合，④約定した消滅事由が発生した場合，⑤合意により通行地役権設定契約を解除した場合，⑥通行地役権に対価の支払いの約定があるのにその不払いがあった場合，⑦通行地役権や承役地が公用徴収された場合（土地収用法5条1項，101条1項），⑧要役地上の地上権などの用益権者に地役権設定を認めた場合の，その基礎となる用益権が消滅した場合，などがあります（私道の法律問題〔第7版〕・384頁参照）。

26 賃貸借による通行権

 買った土地から公道に出るために，隣地を賃借することにしました。ほかの通行権と比べてどのような特色があるのです
か？

A ‥‥‥

1 賃貸借による通行権

　自己の土地から公道に出るために他人の土地を通行することができるためには，公道に至るための他の土地の通行権（袋地通行権，囲繞地通行権，法定通行権，隣地通行権。以下「隣地通行権」という）や通行地役権を有する場合のほか，通行すべき土地について，その所有者との間で，賃貸借契約を結び，賃借することによっても目的を達成することができます。賃貸借は，この場合，借主が目的地を通行のために使用し，その使用に対して賃料を支払い，契約終了したときは返還することを約することによって成立する債権契約ですが（民法601条），単に金銭の支払いがあるというだけでは足りず，それが目的物の使用と対価関係に立つかどうかです。あまりに少額であれば，使用貸借でしょう（民法593条）。

　賃貸借による通行権は，賃貸人の使用・収益させる債務に対応する債権としての権利なので，建物所有を目的とする賃借権のような物権化はされていません。したがって，土地の所有者に変動があると，賃借人は目的地について，賃借権の登記（民法605条）がない限り，新たな土地所有者に賃貸借による通行権を対抗できなくなるおそれがあります民法（名古屋高判平13・12・14公刊物未登載）。

2 通行地役権との違い

　賃貸借による通行権は，債権上の権利なので，その取得者に通行地

役権のような資格の制限はありません（Q19参照）。賃借人でも自由に取得することができます。

　賃貸借による通行権は，原則として目的地の利用権能は全部賃借人に移転し，賃借人がその土地を排他的に利用するのに対し，通行地役権の場合は，目的地（承役地）を地役権者のみが利用するのではなく，承役地所有者と地役権者が共同で使用することができ，また，分譲地における相互交錯的地役権のように競合して設定することも可能なので，土地の高度利用という観点からは通行地役権のほうが優れています。

　通行に関する契約の性格が不明確な場合，それが賃貸借契約なのかあるいは通行地役権設定契約であるかは，結局，契約成立の事情，その後の利用状況などを総合して合理的に判断するほかありませんが，学説には，できるだけ解約される危険の少ない通行地役権設定の契約であるとみるべきだとするものがあります。

3　借地借家法適用の有無

　土地を通路として使用する目的で賃貸借契約を結んだ場合，それが建物利用に必要不可欠であるときには，借地借家法（旧借地法）の適用があるかどうかが問題となります。この点に関する下級審の判例は分かれています。適用を認めた事案はつぎのようなものです。

　図26-1において，YはXから甲地を建物所有の目的で賃借し，乙地のうちの一部も通路として賃借していました。地代はそれぞれ別々に計算して定められていましたが，通路部分の地代が宅地部分に比べて特に安いということはありませんでした。XがYに対し固定資産税の増加・物価の上昇などを理由として地代の増額請求をしたところ，Yが地代を供託してこれを争ったので，Xは増額賃料の確認とその支払いを求めて裁判所に訴えを起こしました。そのなか

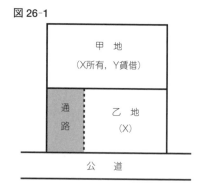

図 26-1

甲　地
（X所有，Y賃借）

通
路

乙　地
（X）

公　道

でＸが通路部分の賃料にも借地法12条2項の適用があり，増額賃料と供託額との差額につき年1割の利息支払いも求めると主張したのに対し，裁判所は，この通路は甲地にとって従たる地位にあり，もっぱら宅地の利用のためのものであって，通路部分独自の利用価値はなく，地形的にみても宅地の一部となるべき土地であり，借地法の適用があるとし，Ｘの主張を認めました（名古屋高判昭59・4・16判タ530-164）。

　これに対し，建物利用に必要不可欠な通路として利用することを目的とした土地賃貸借であっても，建物所有を直接の目的とするものではないから，民法上の通常の賃貸借契約であり，借地法の適用はないとし，契約期間満了による賃貸借契約の終了を認めたものがあります（東京高判昭57・6・10訟務月報29-1-36）。

4　地主の土地に対する土地賃借人の通行権

　借地が直接公道に接してはいないが，地主が所有する通路を通ってなら公道に出られる場合の土地賃借人の通行権は，隣地通行権ではなく，土地賃貸借契約の一内容としての債権的通行権であるとするのが判例です（最判昭44・11・13判時582-65，東京地判昭62・5・27判時1269-89・・・Q10参照）。

　この場合の通路の幅員は，賃貸借契約の目的が建物所有であれば，特段の事情のないかぎり，その目的地に賃借人が適法な建物を建築できるために必要な幅員，つまり，建築基準法令で要求されている道路の幅員は認められなければならないでしょう。

5　地主の土地が袋地になった場合

　地主の所有地のうち，公道に面している土地部分を賃貸し，地主が使用している土地が公道に面しなくなった場合，その地主の通行権をどう考えるべきかが問題になります。学説は，地主に民法213条による隣地通行権を認めており，下級審の判例にもこれと同旨のつぎのようなものがあります（東京地判昭56・1・30判タ453-113）。

　図26-2において，Ｘは甲地，乙地を所有していますが，乙地をＡに賃貸し，Ａはその地上にa建物を建築所有していたところ，Ａはその後乙地の一部をY_1に転貸して，Y_1はb建物を建築所有し，その建

図 26-2

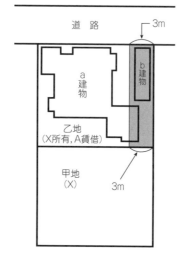

物をY₂が賃借していました。甲地は以前は畑でしたが，Xは長男の
ために居宅建築の計画を立て，袋地となっている甲地のために，乙地
の賃貸借期間満了の際にAに対し，土地を引き続いて使用すること
に異議を述べました。そしてその後Aの相続人でもあるY₁および転
借人Y₂に対し，主位的には賃貸借契約の期間満了または無断転貸に
よる契約解除を理由としてaおよびbの建物の収去と乙地の明渡しを
求め，予備的には，袋地である甲地のために乙地に隣地通行権を有す
ることの確認およびこの通行権の対象となる土地上にある建物の収去
と土地の明渡しを求めて訴えを起こしました。裁判所は，甲地の土地
所有者であるXは，Y₁が相続人として賃借する乙地につき，甲地の
土地所有権にもとづき，民法213条に定める隣地通行権（幅員3m）
を有すると判断しました。

27 使用貸借による通行権

Q 長い間他人の土地を借りて無償で通行していますが，この法律関係はどういうものですか？

A‥‥‥

1 使用貸借契約上の通行権

　他人の土地を通行の用に供する目的で借りる場合に考えられるのは，それが有償であれば賃貸借契約ですが（民法601条），無償であれば使用貸借契約です（民法593条）。借主たる通行者は，その私道敷の利用権能を全部譲り受けることになります。そこでそれが不都合である場合には，土地の引渡しを受けることなく通行のみを無償でできる内容の特別の債権契約を結ぶことも可能です。もっとも，それが契約として明確でない場合には，好意通行との区別が問題となるでしょう（Q3参照）。なお，使用貸借上の通行権を時効取得することがあるかに関し，判例は土地一般について，使用貸借上の借主の権利の時効取得が成立するためには，土地の継続的な使用収益という外形的事実が存在し，かつ，その使用が土地の借主としての権利の行使の意思にもとづくものであることが客観的に表現されていることを必要とするとしています（最判昭48・4・13裁判集民事109-93）。

2 具体例

　他人の土地に，使用貸借にもとづく通行権を認めた下級審の判例につぎのようなものがあります。その多くは，使用貸主側の無償で通行を許諾する動機や意思が客観的に明らかになっている場合であるように感じられます。
　（1）　図27-1において，A所有の一団の土地が分譲される際に，分譲地のために六筆からなる明確な私道が開設され（後にさらに延長

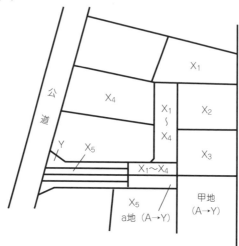

図 27-1

されている），その私道敷をＸら買受人や転買人とＡとが分割所有していました。Ａは自己所有地として残した甲地が，そのままでは建築基準法上の接道要件（**Q33参照**）を充たさないことになるので，甲地に接続する私道敷の一分割地（ａ地）を路地状敷地として使用する必要があるところから，Ａはａ地をＸらが通行することを承認してはいたものの，その旨をＸらに明確に説明していました。ＹがＡから甲地およびａ地を買い受けた後も，ＹはＸらの通行をＡと同様に黙認していましたが，その後Ｘらとの間に紛争が生じ，Ｙがａ地に鉄杭などを設置して通行を妨害したので，Ｘらがその撤去などを求めて訴えを提起しました。

　これに対し，裁判所は，Ａはａ地を甲地の敷地延長として利用する必要があると考え，ａ地につき道路位置指定を受けることを拒み，また，ａ地の地下に無断でマンホールを設置した市に対して，善処方を申し入れているので物権的な通行権を設定したものとはいえないが，Ａはａ地の通行を黙認し，Ｙも同様の態度をとっていたので，ＡがＸらに通行または自動車の出入りのための期間の定めのない使用借権を設定し，Ｙもまたこれを承継したものであるとして，Ｘらの主張を認めました（東京地判昭61・7・29判タ658-120）。

もっとも，この判決について
は，当初から明確な私道が開設さ
れているのであるから，いわゆる
相互交錯的な通行地役権（Q21参
照）が設定されているとみるべき
ではないかとの批判があります。
　（2）　XはYの娘婿であり，図
27-2のY所有の甲地の隣接地で
ある乙地をそれも所有するYか
ら買い受け，乙地上に建物を建築
したところ，その正玄関は乙地の

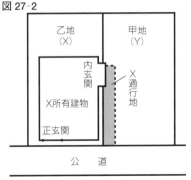

図 27-2

乙地
（X）

甲地
（Y）

内玄関

X所有建物

正玄関

X
通行地

公　　道

想像図

南側の公道に接続してはいたが，東側に設置した内玄関は甲地に面
し，その土台と庇とが甲地にはみ出ていたので，Yは，Xが甲地を通
行していることを知っていました。しかし，義理の親子の関係でもあ
るのでこれを黙認し，現にXは甲地を通行していました。ところが，
その後甲地の利用をめぐって紛争が生じたので，Xが甲地上に地役権
を有することの確認を求める訴えを提起しました。
　裁判所はこれに対し，YがXに対し甲地を通行することを承認して
いたことは認められるが，本件の通行は建物の利用のためのものであ
り，土地の便益のためではないから，通行地役権の設定契約があった
とは認められず，義理の親子の関係から，Xが乙地上に建築した建物
の内玄関を出入口として利用し，公道に達するために，甲地を通行の
ために使用することができる使用貸借上の権利が成立しているにすぎ
ないとしています（東京高判昭51・11・25判タ348-226）。
　（3）　このほか，使用貸借上の通行権を認めた事例がいくつかあり
ます（札幌地判昭44・8・28判時582-88，東京地判昭45・1・20判時597-104，
東京高判昭51・11・25判タ348-226，東京地判平3・6・28判時1425-89など）。

28 慣習上の通行権

Q 長年隣地を通行して駅まで出ていましたが，このたびこの通路を土地所有者が閉鎖してしまいました。いちおう他にも駅に通ずる道路がありますが，慣習としての通行は保護されないのでしょうか？

1 慣習上の通行権の成否

公道に至るための他の土地の通行権（袋地通行権，囲繞地通行権，法定通行権，隣地通行権。以下「隣地通行権」という）や通行地役権などの権利が認められない場合に，長年通行してきた実績にもとづき，慣習上の通行権が認められないかが問題となります。学説には，

長年にわたり他人の土地を通行してきた結果，当初は通路の開設がなかったのが，自然のうちに通路としての外観ができあがり，誰がみても直ちに通路としての存在が認められるような状態になった場合には，この通行を慣習にもとづいて成立する慣習上の通行権として保護しようとの考え方があります。しかしながら，隣地通行権や通行地役権は，厳格な要件を要求しており，それとのバランスからみても慣習上の通行権の成立を安易に認めることはできないでしょう。

　実体法上の通行権が認められず，かつ慣習上の通行権も認められない場合には，その通行は好意通行といわれる事実上の通行（Q3参照）にすぎないので，閉鎖されても，それが権利の濫用となる場合を除いて，通行できなくなるのはやむをえないというべきでしょう。

2　具体例

　慣習上の通行権に関する下級審の判例はいくつかあり，肯定しているものもありますが，それは，仮処分事件において他の通行権と競合して認められたもので，権利の内容についてよく吟味されないままに認めた先例としての意義が少ないものや（岡山地倉敷支判昭50・2・28判時794-99），寺院が国有地を参道として専用してきたという特殊な例（東京地判昭30・9・12下民集6-9-1967）があるだけです。

　これに対し，否定した例としては，つぎのようなものがあります。

　（1）　図28-1において，東京市が大正12年に甲地および乙地に一棟2戸建ての公営住宅を二棟向かい合わせに建築するに際して，中央

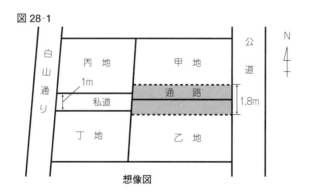

図 28-1

想像図

に幅1.8mの空地を残して通路としました。この通路は東側は公道に通じており，西側は白山通りに通ずる幅員約1mの私道に接していました。公営住宅の住民，およびその隣地である丙地や丁地に居住するXらのほか，近隣の住民も公道から白山通りに通ずる近道として利用してきました。ところが，通路を含む甲地の所有者であるYらが，この土地上に建物を建築するため

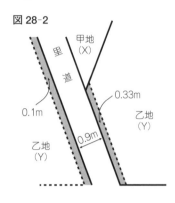

図 28-2

にブロック塀を設けたため，Xらの通行ができなくなりました。そこで，Xらは，通行地役権や権利の濫用とともに慣行による通行権を理由としてブロック塀の収去を求めて訴えを提起しました。これに対して裁判所は，通行地役権などの主張を排斥したほか，慣行にもとづく通行権については，Xらほか付近住民が公営住宅の住民とともに大正時代から通路を利用していたことは認められるが，その利用はこの土地の所有者および利用者の好意的な黙認のもとになされていたものであり，この利用をもってXらが慣行にもとづく通行権を有するとの慣習法ないし慣行を認めることはできないとしています（東京高判昭49・1・23東高民時報25-1-7）。

（2）　図28-2において，甲地所有のXが農業用機械により通行するについて，幅員0.9mの里道のほか，その両側にあるY所有の空地（乙地）0.1mおよび0.33mにつき，隣地通行権および農業用通路として使用できる慣習にもとづく通行権を主張したのに対し，裁判所は隣地通行権の主張を排斥したうえで，里道の両側の空地の通行は，その所有者が，Xがその部分を通行しても特に苦情をいわず，控えめにしていただけの，事実上のものであるとしています（京都地判昭58・7・7判タ517-188）。

29 建築基準法上の道路の種類

Q 建築基準法上の道路には，どのような種類があるのですか？

A・・・・・

1 建築基準法上の道路制度の趣旨

建築基準法は，道路を基準として，敷地の接道義務（建築基準法43条・・・Q33参照），道路内の建築制限（建築基準法44条・・・Q35参照），容積率の算定基準（建築基準法52条），道路斜線制限（建築基準法56条1項1号）などを定めています。

このように，道路を基準としてさまざまな制限を設けているのは，単に道路が交通の手段であるにとどまらず，防災活動や避難行動の手段となり，また，空間として日照や通風などの確保の面からも重要な役割を果たすことを期待しているからです。

2 道路の種類

道路のこのような役割から，建築基準法上の道路は，都市計画区域内においては，道路の幅員がまず4m（特定行政庁〔市町村長または都道府県知事〕の指定区域にあっては，原則として6m）以上あることを原則としており，そのうちつぎのようなものが道路だとしています（建築基準法42条1項1号～5号，4項）（表29-1）。

（1） **道路法による道路（1号）**　道路法による路線の指定または認定を受けたもので，いわゆる公道です。高速自動車国道，一般国道，都道府県道および市町村道をいいます（道路法3条）。ただし，自動車専用道は，建築基準法44条の建築制限の規定に関する場合を除くほか，建築基準法上の道路には該当しません。

（2） **都市計画法，土地区画整理法，旧住宅地造成事業に関する法律，都市再開発法，新都市基盤整備法，大都市地域における住宅地等**

表 29-1　　　　　　　　　　　建築基準法上の道路（42条）

種　別	法　令	幅　員（L）		内　　　容
		6m区域外	6m区域内	
1号道路	1項1号			道路法による道路
2号道路	1項2号			都市計画法，土地区画整理法，都市再開発法等による道路
既存道路	1項3号	4m≦L	6m≦L	建築基準法施行時に現に存する幅員4m（6m）以上の道路
計画道路	1項4号			2年以内に事業執行が予定される都市計画道路で特定行政庁が指定したもの
位置指定道路	1項5号			特定行政庁が利害関係人の申請に基づき位置の指定をした幅員4m（6m）以上の私道
みなし道路 （2項道路）	2項	L＜4m	L＜4m （L＜6m）	建物が現に立ち並んでいる4m（6m）未満の道路で，将来4m（6m）幅の拡幅が可能として特定行政庁が指定したもの。その中心線から2m（3m，避難・安全上支障がない場合は2m）の線を道路境界線とみなす。片側が崖地などの場合は崖側から4m（6m）の線
3項道路	3項	2.7m≦L ＜4m	2.7m≦L ＜6m	将来とも拡幅が困難な2項道路の境界線の位置を中心線から1.35m以上2m（3m）未満に緩和。ただし，崖地などは2.7m以上4m（6m）未満
4項道路	4項	—	L＜6m （1号,2号道路 は4m≦L）	6m区域内の特定行政庁が認めた道 1号：避難・通行の安全上支障がない幅員4m以上の道 2号：地区計画等に適合した幅員4m以上の道 3号：6m区域指定時に現に存する6m未満の法42条適用の道路
5項道路	5項	—	L＜4m	6m区域指定時に現に存していた道（4項3号）で幅員4m未満の道は，指定時に境界線とみなされていた線を境界線とみなす
6項道路	6項	L＜1.8m		幅員1.8m未満の2項道路（建築審査会の同意が必要）。古い城下町など民家が両側に建て込んだようなところ

※（　）内の数値は6m指定区域内での値。

5　私道と建築基準法

の供給の促進に関する特別措置法または密集市街地整備法による道路（2号）　　これらの道路のほとんどは，道路法上の道路として指定または認定を受けていますが，まれには，私道として維持管理される場合もあります。

（3）　建築基準法第3章の規定が適用されるに至った際，現に存する道路（3号）　　この道路については，現在は「都市計画区域若しくは準都市計画区域の指定若しくは変更又は第68条の9第1項の規定に基づく条例の制定若しくは改正によりこの章の規定が適用されるに至った際」と改正されています。これが「現存道路」あるいは「既存道路」といわれる道路です。この現存道路には，基準時に4m以上の幅員があれば私道も含まれ，特定行政庁の指定その他の行為を要することなく法律上当然に道路となるものです。

（4）　道路法，都市計画法，土地区画整理法，都市再開発法，新都市基盤整備法，大都市地域における住宅地等の供給の促進に関する特別措置法または密集市街地整備法による新設または変更の事業計画のある道路で，2年以内にその事業が執行される予定のものとして特定行政庁が指定したもの（4号）　　この道路は，これから道路として築造されるものです。この2年以内は必ずしも厳格に解する必要はないとされています。

（5）　土地を建物の敷地として利用するために，道路法，都市計画法，土地区画整理法，都市再開発法，新都市基盤整備法，大都市地域における住宅地等の供給の促進に関する特別措置法または密集市街地整備法によらないで築造する政令で定める基準に適合する道で，これを築造しようとする者が，特定行政庁からその位置の指定を受けたもの（5号）　　これは，私道を関係者の申請により建築基準法上の道路とするためのものです（詳細はQ30参照）。

　建築基準法施行の際，旧市街地建築物法7条但書の規定によって指定された建築線で，その間の距離が4m以上のものは，その建築線の位置に，この道路位置指定があったものとみなされています（建築基準法附則5項）。

3　例外の道路

　以上の建築基準法42条1項の規定の原則に対し，いくつかの例外があります。

　（1）　2項道路　　いわゆる2項道路，指定道路，みなし道路といわれているもので，建築基準法施行の際または当該区域が都市計画区域に指定された際（現在は，「都市計画区域若しくは準都市計画区域の指定若しくは変更又は第68条の9第1項の規定に基づく条例の制定若しくは改正によりこの章の規定が適用されるに至った際」と改正），現に建築物が立ち並んでいる幅員4m未満の道路で，特定行政庁の指定したものは，救済措置として建築基準法上の道路とみなすことになっています（建築基準法42条2項）。ただしその場合，道路の中心線から左右に水平距離2m（特定行政庁が指定する区域内においては原則として3m）ずつ後退した線を道路の境界線とみなすことにしています（Q32参照）。

　（2）　幅員6m以上の指定区域内の道路　　前記の，建築基準法上の道路の幅員は4m以上であるという原則に対して，特定行政庁がその地方の気候もしくは風土の特殊性または土地の状況により必要と認めて都市計画地方審議会の議決を経て指定する区域内においては，道路の幅員は6m以上とされますが（建築基準法42条1項），さらにこの例外として，この指定区域内の幅員6m未満の道でも，特定行政庁がつぎのいずれかに該当すると認めて指定したものは，道路として扱われます（建築基準法42条4項）。

　①周囲の状況により避難および通行の安全上支障がない幅員4m以上の道

　②都市計画における地区計画等に適合した幅員4m以上の道

　③この区域が指定された際現に道路とされていた6m未満の道

　なお，③に該当するとして指定された幅員4m未満の道については，建築基準法42条2項の規定にかかわらず，区域指定時に道路の境界線とみなされている線がその道路境界線となります（建築基準法42条5項）。

　（3）　予定道路　　特定行政庁は，都市計画における地区計画等に道の配置および規模が定められている場合で，所有権者等の同意を得

たときなどにあてはまる場合には，これらの計画に即して建築基準法施行令136条の2の7で定める基準に従い，予定道路の指定を行うことができますが，この指定がされれば，建築基準法上の道路とみなされ，建築が制限されます（**建築基準法68条の7**）。

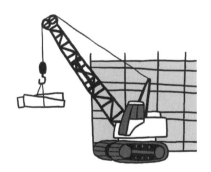

30 道路位置指定のしかた

Q 分譲地を買いましたが，建築基準法上の道路がまだないということで，私道について道路位置指定を受けないと建物が建てられないと言われました。どのような手続をとったらいいのでしょうか？

A ‥‥‥

1 道路位置指定

　都市計画区域内にある土地に建物を建てようとする場合，その建物の敷地は道路に原則として2m以上接していなければなりません。これを接道義務といいます（Q33参照）。その道路というのは，幅員4m（指定区域では，原則として6m。以下同じ）以上のもので，新たに宅地を造成して建物の敷地として分譲し，建物が建てられるようにするためには，特定行政庁（市町村長または都道府県知事）の道路位置指定を受けなければなりません（**建築基準法42条1項5号，43条**）。この道路位置指定というのは，土地を建物の敷地として利用することができるようにするために，道路法その他の公法によらないで築造される道路（私道）で，これを建築基準法上の道路とするために，特定行政庁がする行政処分です。設問の分譲地などでは，この指定があってはじめて宅地としての利用が可能になるのです。なお，建築基準法施行（昭和25年11月23日）の際，旧市街地建築物法7条但書の規定によって指定された建築線で，その間の距離が4m以上のものは，その建築線の位置に道路指定があったものとみなされていますが（**建築基準法附則5項**），これは間隔4m以上の建築線がある場合には，あらためて道路位置指定手続をとらず，この中間部分に道路位置指定があったとみなしても，関係権利者の権利を不当に侵害することにはならないからです。

2　道路位置指定の基準

　特定行政庁が，道路位置の指定をするには，その私道が原則としてつぎの基準に合致したものでなければなりません（建築基準法施行令144条の4）。

　（1）　両端が他の道路（建築基準法上の道路〔Q29参照〕であることを要する）に接続したものであること。つまり，通り抜けの私道であること（図30-1）。

　ただし，例外としてつぎの場合には，袋路状道路（行き止まり道路）でもよいとされています。

　①延長が35m以下の場合（図30-2）。ただし，既存の幅員6m未満の袋路状道路に接続する道にあっては，当該袋路状道路と既存の部分が合算される。

　②終端が公園，広場その他これに類するもので自動車の転回に支障がないものに接続している場合。

　③延長が35mを超える場合で，終端および区間35m以上ごとに建設大臣の定める基準に適合する自動車の転回広場が設けられている場合（図30-3）。

　④幅員6m以上の場合。

図 30-1

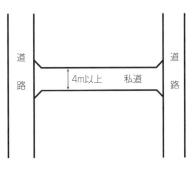

図 30-2

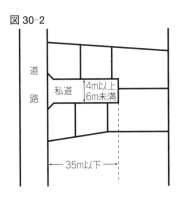

図 30-3

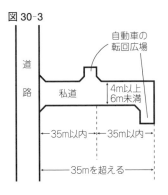

⑤①から④までに準ずる場合で，特定行政庁が周囲の状況により避難および通行の安全上支障がないと認めた場合。

（2）　道が同一平面で交差・接続・屈曲する部分の内角が120度以上の場合を除き，角地の隅角をはさむ辺の長さが2mの二等辺三角形の部分を道に含むすみ切りを設けたものであること（図30-1・2参照）。ただし，特定行政庁が周囲の状況によりやむをえないと認め，またはその必要がないと認めた場合においては，この限りではない。

（3）　砂利敷その他ぬかるみとならない構造であること。

（4）　縦断勾配が12％以下であり，かつ，階段状でないもの。ただし，特定行政庁が周囲の状況により避難および通行の安全上支障がないと認めた場合においては，この限りではない。

（5）　道およびこれに接する敷地内の排水に必要な側溝，街渠その他の施設を設けたものであること。

なお，特定行政庁は，その地方の気候もしくは風土の特殊性または土地の状況により，必要と認める場合には，規則で区域を限り，上記と異なった基準を定めることができるとされています。

3　道路位置指定の申請

道路位置の指定を受けるには，その私道が存在する地方の特定行政庁に対し，その旨の申請をすることになります（建築基準法施行規則9条）。

（1）　申請者は，その私道を築造しようとする者で，特に資格の制限はなく，必ずしも当該私道敷の所有者に限られるわけではありません。実際上の申請者は，宅地開発業者，建設業者，不動産取引業者が多いといわれています。もちろん，設問の質問者でもかまいません。

道路位置指定の申請をするについて要求される4m以上の幅員は，必ずしも全部が私道である必要はなく，その中に公道を含んでも差し支えないと解されています。つまり，全部で4m以上ということです。

申請の時期は，築造の前でなければならないということはありません。しかし，築造後では，前記の指定基準に充たない私道が完成し，道路位置の指定を受けられない場合も生じてくるので，事前のほうが

図30-4①

第8号様式(第16条関係)

<table>
<tr><td colspan="3" rowspan="2"></td><td>指　　　　定</td><td rowspan="3"></td></tr>
</table>

道路（位置）　指　定　変　更　申　請　書
指　定　取　消

建築基準法第42条第　項第　号の規定による道路(位置)の　　　　指定
　　　　　　　　　　　　　　　　　　　　　　　　　　　　　指定の変更　　を下記
　　　　　　　　　　　　　　　　　　　　　　　　　　　　　指定の取消し
のとおり申請します。この申請書及び添付図書に記載の事項は、事実に相違ありません。

年　　月　　日

東京都知事　　　　殿

申請者　氏　名

[法人にあつては、その名称
 及び代表者の氏名]

記

(1)	申請者住所		電話　（　　）
(2) 代理人	住　　所		電話　（　　）
	氏　　名		
(3)	道路に係る 土地の地名 及び地番		
(4) 申請道路	幅　　員		m
	延　　長		m
(5)	備　　考		
※ 受付欄	都		建築指導事務所・支庁

(注意)　1　(1)欄は、法人にあつては、その事務所の所在地を記入してください。
　　　　2　※印のある欄は、記入しないでください。

（日本産業規格A列4番）

図 30-4 ②

第9号様式（第16条関係）

	地 籍 図	
縮	付近見取図	
尺	構 造 図	

道 路 （ 位 置 ）　指　定　変　更　申　請　図
指　　　　定
指　定　取　消

　　道路に係る土地の地名地番

　　幅員　メートル・延長　　メートル・自動車転回広場　　平方メートル

※	道路（位置）の指定・指定変更・指定取消台帳						
告示年月日		年　月　日	指定年月日		年　月　日		
告示番号	第	号	番号	第	号	第	号

承	この図面のとおり道路(位置)の指定・指定の変更・指定の取消しを承諾いたします。		申請者住所・氏名				
	年　月　日						
	申請者　　　　　殿						
諾	権利等	住　　　　所		氏　　　名		印	承諾日
書							
備考							

図面作成者住所・氏名	
測量者住所・氏名	

凡　例

		都市計画路線	
方　　位		都市計画路線	
塀（構造を記入のこと。）		予定する道路の位置	
生　　垣		既存道路（公道私道を区別し記入のこと。）	
予定建築物（用途を記入のこと。）		指定された道路の位置及び建築線（指定年月日及び番号を記入のこと。）	
既存建築物（用途を記入のこと。）		法第42条第2項に該当する道路	
敷地界		取り消される道路の位置	
地番界		申請する道路の位置	
町丁目界		擁壁	
区市町村界		高圧線	
		崖	
		水路及び土揚敷	

注意　1　承諾書の「権利等」欄は、土地の所有者及びその土地又はその土地の建築物若しくは工作物について該当する権利をそれぞれ記入してください。また、承諾の相手方が、建築基準法施行令第144条の4第1項及び第2項に規定する基準に適合するように管理する者の場合は、「管理者」と記入してください。
　　　2　図面中に、地番、権利等及び氏名をそれぞれ記入してください。
　　　3　備考欄には、権利者の承諾に関連し特記すべき事項を記入してください。
　　　4　申請の道路の幅員及び延長の単位は「メートル」（小数点以下2位まで）としてください。
　　　5　付近見取図、道路構造図及び土地に高低差がある場合は、その断面図を記入してください。
　　　6　付近見取図と地籍図の方位は、一致させてください。
　　　7　隣地境界又は測量の基点から申請道路までの距離を記入してください。
　　　8　※印のある欄には記入しないでください。

（日本産業規格A列2番）

30　道路位置指定のしかた………125

望ましいでしょう。

　申請をするには，正副2通の申請書（図30-4①〜③）に，つぎのような書類を添付しなければなりません（建築基準法施行規則9条）。

　①図面（付近見取図，地積図）

　②道路位置指定を受ける私道の敷地となる土地の所有者およびその土地またはその土地にある建築物や工作物に関して権利を有する者の承諾書（他に，道に関する基準に適合するよう管理する者がいるときは，その者の承諾書）

　（2）　上記のような所有者等の承諾書を必要としている趣旨は，道路位置指定がなされると，以後その土地の所有者等は，その指定部分に建物等を建造することを禁止されるなど，権利に重大な制限を受けることになるので，特定行政庁は所有者等の承諾がある場合に限って道路位置指定ができるものとして，その保護を図ったものです。

　承諾を得るべき関係権利者の範囲については，道路の予定地あるいはその地上の建築物，工作物に関して所有権，地上権，賃借権，地役権，使用借権，抵当権，質権などの権利を有する者は問題ありませんが，不法占拠者のような単なる占有者はこれに含まれません。

　関係権利者であるべき時期は，特定行政庁が道路位置指定処分をなす時点です。したがって，申請時から指定処分までの間に，関係権利者に変動がある場合には，あらためて新権利者の承諾を要することになります。

　関係権利者が承諾書を交付しない場合は，申請者は賃借権などの実体法上の権利にもとづき，あるいは承諾しないことが権利の濫用に当たるなどを理由として承諾を求める訴えを提起することが考えられます（横浜地判昭54・1・24判時931-101）。

　関係権利者の承諾は，道路位置指定をするための重大不可欠の前提要件と考えられ，この承諾書を欠いていたり，偽造の承諾書にもとづいてなされた指定処分は，原則として，重大な瑕疵があるものとして無効と考えられます。しかし，判例には無効とすることによる影響の重大性を考えて，さまざまな理由をあげて無効でないと判断したものも多くみられます（Q31参照）。

31 道路位置指定の無効・2項道路の争い方

Q 私の土地が知らないあいだに道路位置指定されてしまっていることがわかりました。これを争う方法はありませんか。2項道路であった場合はどうでしょうか？

1 道路位置指定

道路位置指定（建築基準法42条1項5号）というのは，土地を建物の敷地として利用することを可能にするために，道路法その他の公法によらないで築造される私道で，これを建築基準法上の道路とするために，特定行政庁（市町村長または都道府県知事）が申請に応じてする行政処分です。宅地造成をして，いままでに道路がない土地につき建物が建築できるようにするには，この指定があってはじめて宅地として利用が可能になるのです（Q33参照）。

2 土地所有者等の承諾

道路位置指定申請をするには，道路としての客観的要件をととのえるほかに，申請書には，道路の敷地となる土地の所有者およびその土地またはその土地にある建築物や工作物に関して権利を有する者の承諾書（道に関する基準に適合するよう管理する者がいるときは，その者の承諾書）を添付しなければならないことになっています（建築基準法施行規則9条）。この趣旨は，道路位置の指定がされると，以後その土地の所有者等は，所有権等の権利を失うことはないにしても，その指定部分に建物等を建造することを禁止される（建築基準法44条）など権利に重大な制限を受けることになるので，特定行政庁は所有者等の承諾がある場合に限って道路位置指定ができることとして，その保護を図ったものです。

承諾を得るべき権利者は，道路予定地に所有権，地上権，賃借権，地役権，使用借権，抵当権，質権などを有する者，また，道路予定地上にある建築物や工作物に関して所有権，賃借権，使用借権，抵当権，質権などを有する者などです。

3　承諾の欠如

　道路位置指定を受ける土地の所有者等の承諾は，重大不可欠の前提要件と考えられており，この承諾書を欠いていたり，あるいは偽造の承諾書にもとづいてなされた指定処分は，原則として重大な瑕疵があるものとして無効と解されます。

　裁判所も承諾がない場合になされた指定処分を原則として無効としていますが（東京地判昭39・5・28行裁例集15-5-900，東京地判昭60・10・9判例地方自治19-74など），その指定処分が有効なことを前提に，さらに建築確認がなされている場合などに，直ちにすべて無効とするには影響が大きいときには，たとえば，①真実の土地所有者に対する移転登記がなされていなかったなど，具体的経過からみて承諾のないことを見過ごした瑕疵は重大なものとはみられないとか（東京地判昭46・5・29行裁例集22-5-801，東京高判昭50・12・26行裁例集26-12-1556など），②道路位置指定申請書に所有者の承諾書が添付されていなくともその所有者が申請に承諾していたときは，指定処分を無効にするものではないとか（大阪地判昭54・4・17判タ395-124），③承諾を欠く瑕疵があったとしても，指定処分を前提とする行為などがあった場合には，その瑕疵は事後的に治癒される（東京高判平4・6・29判例地方自治107-80など），などとするものがあります。

4　2項道路（指定道路・みなし道路）の争い方

　建築基準法43条1項によれば，建物の敷地は幅員4m以上の道路に接していなければなりませんが，建築基準法の施行当時（昭和25年11月23日・・・基準時，現在は「都市計画区域若しくは準都市計画区域の指定若しくは変更又は第68条の9第1項の規定に基づく条例の制定若しくは改正によりこの章の規定が適用されるに至った際」と改正）において右義務を充たしていない既存敷地の建物を救済する必要

があったため，同法42条2項では，基準時に建物が立ち並んでいる幅員4m未満の道で，特定行政庁が指定したものは「道路」とみなし，同時に，その中心線から水平2m（指定区域では3m）の線を道路境界線とみなすという例外を規定しました。この結果，再築の際には建物は右中心線から2m後退すべきことになって，結局，幅員4m（指定区域では6m）の道路が確保されることにしたのです（Q32参照）。

　この特定行政庁の指定は，対象となる土地を特定して個別的に指定することもありますが，一般には，土地を特定せずに特定行政庁が告示や規則によって一定の条件を満たす道を一括して指定する方法がとられています。これを一括指定あるいは包括指定といっています。一括指定の場合に，具体的な土地がその指定の対象となっているのかどうかが争われる場合があります。この場合の2項道路指定の争い方として，この指定が行政事件訴訟法にいう抗告訴訟（行政庁の公権力の行使に関する不服の訴訟）の対象となる行政処分にあたると解すべきかどうかについて見解の相違がありました。しかし最近，最高裁判所が抗告訴訟の対象となるとの判断を示しましたので実務的には解決されました（最判平14・1・17民集56-1-1）。この場合の訴訟の形態としては，具体的な土地に対する指定処分の不存在確認請求事件となります。

2項道路（みなし道路）

> **Q** 私の家は，幅員3mの私道に面して建っています。こんど建
> て替えようとしたところ，その私道は2項道路だから，道路
> の中心線から2mさがったところからでなければ建物は建てられ
> ないと言われました。本当でしょうか？

A・・・・・

1　2項道路

　建築基準法が新たに制定された昭和25年において，建築基準法上
の道路の幅員は最低4mとされたため，それをそのまま適用すると，
それまで適法であった建物が違反建築となってしまうため，その救済
措置として，建築基準法施行（昭和25年11月23日）の際または当該
区域が都市計画区域に指定された際（現在は，「都市計画区域若しく
は準都市計画区域の指定若しくは変更又は第68条の9第1項の規定に
基づく条例の制定若しくは改正によりこの章の規定が適用されるに至
った際」と改正），現に建築物が立ち並んでいる幅員4m未満の道
（私道が多い）で，特定行政庁（市町村長または都道府県知事）が指
定したものは，建築基準法上の道路とみなすことにしました（**建築基
準法42条2項**）。ただし，その場合，道路の中心線から左右に水平距離
2m（その後，特定行政庁が指定する区域内においては原則として3
mと改正された。以下同じ）ずつ後退した線を道路の境界線とみなす
ことにしています（**図32-1**）。したがって，その部分までは将来の建
築物は建築制限を受けるので（**建築基準法44条**），結局，この道路に接
する建築物が全部建て替えられる時点では，4m（平成4年に，特定
行政庁が指定する区域内においては6mと改正された。以下同じ）幅
の道路が確保される結果となるように配慮されています。
　なお，その道がその中心線からの水平距離2m未満で崖地，川，線

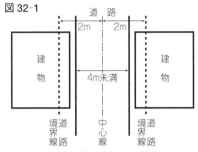

図 32-1

特定行政庁の指定区域では原則として4m
は6mに，2mは3mに拡張される。

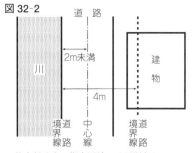

図 32-2

特定行政庁の指定区域では原則として4m
は6mに，2mは3mに拡張される。

路敷地その他これに類するものに面する場合には，前記の方法では幅
員4mを確保することはできないので，建築基準法42条2項但書は，
崖地等のある側の道路境界線とその線から道路の側に4mの線を道路
境界線とみなすことにしています（図32-2）。

　さらに，水平距離については，特例として，実情により，やむをえ
ない場合には中心線から2m未満1.35mの範囲で，また崖地等からの
距離については4m未満2.7m以上の範囲で，緩和規定がおかれてい
ます（建築基準法42条3項，6項）。

　この2項道路は，「指定道路」あるいは建築基準法附則5項所定の旧
市街地建築物法の建築線にもとづく指定道路とともに「みなし道路」
といわれることがあります。

2　指定の方法

　2項道路の指定は，道路位置指定の場合とは異なり（Q30参照），関
係者の申請にもとづくものではなく，特定行政庁によって積極的に指
定されるものですが，個別的，具体的に指定されるもののほか，一定
の基準を設けて，包括的に指定することもでき，現に行われているの
は包括的指定の場合が多いと思われます（たとえば，「建築基準法第42条
第2項の規定に基く道路の指定」〔昭和30年7月30日東京都告示699号，改正昭
和50年4月1日東京都告示355号〕参照。なお現在，権限は，特別区長あるいは
市長に移管されている）。

　包括的指定の場合，実際の私道が2項道路に該当するのかどうかの

争いが生じ，判断がむずかしい場合があります（Q31参照）。特に「現に建築物が立ち並んでいる」との要件の解釈ですが，この規定が接道に関する救済規定であることを考えると，図32-3(1)の場合は，私道に接するすべての建物の敷地が他の建築基準法上の道路により接道義務を充たしているので，2項道路とみる必要はないとみられます。これに対し，図32-3(2)の場合のように，行き止まりで私道を利用しているのは奥の2戸だけで，入口の2戸は他の道路に接している場合については，そのまま適用すると，入口の2戸は私道に沿っての後退を義務づけられ不利益が大きくなります。この点に関する裁判所の判断は，2項道路は，接道に関する救済規定であるという趣旨から，その道にのみ接する2戸以上の建築物が基準時に存在すれば足りるとするもの（東京地判昭58・8・25判タ534-142）と，2項道路の指定は，入口2戸に対して一定の制約を加えるものであるから，特定行政庁がこの指定を行うには，「公益上の必要性が存在する」ことを要するとともに，「現に建築物が立ち並んでいる」とは，ただ単に建築物が道を中心に2戸以上存在しているだけでは足らず，「道が一般通行の用に供されている」ことを要する（したがって，奥の2戸だけの利用では要件を充たさない）としたもの（東京高判昭57・8・26判時1050-59）とがあります。実務上は，前者の見解に沿って運用されているといえるでしょう。
　特定行政庁が2項道路の指定をするについては，私道所有者等関係者の承諾は要件とはなっておらず，一方的になされます。いったん道

図32-3（1）

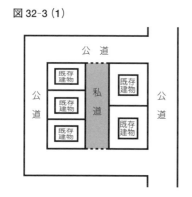

2項道路として扱わなくともよい。

図32-3（2）

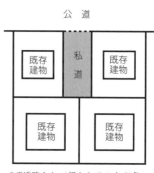

2項道路として扱われることが多い。

路とされれば，建築制限が生じるので（**建築基準法44条**），憲法29条の損失補償との関係が問題となります。しかし，学説・判例とも既存の道路を建築基準法上の道路と扱うにすぎないのだからとして，違憲ではないとしています（**東京地判昭34・12・16行裁例集10-12-2592**）。

　なお，特定行政庁は平成22年4月1日以降に新たに2項道路を指定する場合について，その年月日，位置などについて公告しなければならないとされています（**建築基準法施行規則10条**）。

33 建物の敷地と道路の関係

建物を建てる場合，敷地が袋地ではだめで，道路に接していなければならないと聞きましたが，どの程度，どのように接していればよいのでしょうか？

・・・・・

1 建築基準法の規定

（1） 道路は，通常の交通に必要なだけではなく，災害時の避難，防火，救急の経路としても必要不可欠であり，また，日照，通風，採光などにも役立つものです。

そこで，建築基準法43条1項本文は，建築物の敷地は，道路（幅員4m以上のもの〔建築基準法42条1項・・・Q29参照〕，ただし，自動車専用道路は建築物の敷地利用を前提としていないので除かれます）に，2m以上接していなければならないと規定しています（図33-1）。これを「接道義務」と呼んでいます。ただし，建築物の周囲に広い空地（多くみられるのは，協定道路といわれるものであって，建築基準法上の道路の要件は充たしていないが，関係土地所有者によって道路として使用することが合意されている空地など）があったりして，特定行政庁（市町村長または都道府県知事）が交通上，安全上，防災上，衛生上支障がないものと認めて建築審査会の同意を得て許可したときには，この接道義務は免除されます（建築基準法43条2項）。もっとも，現に空地があっても，その建物の周囲が将来宅地化され

図33-1

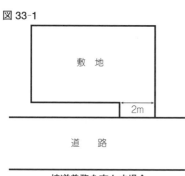

接道義務を充たす場合

る可能性があれば，これに該当しないことになります（和歌山地判昭56・12・21行裁例集32-12-2231，大阪高判昭57・9・24行裁例集33-9-1883）。

　しかし，敷地が道路に2m接しているだけでは，避難または通行の安全の目的を十分には達しがたい場合がある特定の建築物（特殊建築物，階数が3以上である建築物，一定以上の開口部を有しない居室を有する建築物，延べ面積が1,000 m²を超える建築物）については，地方公共団体は，その建築物の敷地が接しなければならない道路の幅員，その敷地が道路に接する部分の長さ，その他敷地または建築物と道路との関係について，条例で必要な制限を付加することができるとされています（建築基準法43条3項）。たとえば，東京都建築安全条例4条は，3階以上の建築物の敷地は，道路に4m以上接していなければならないとか，あるいは延べ面積が1,000 m²を超え2,000 m²以下の建築物の敷地は，長さ6m以上道路に接していなければならないと規定しています。

　（2）　この敷地とは，「一の建築物又は用途上不可分の関係にある二以上の建築物のある一団の土地」（建築基準法施行令1条1号）とされ，それは当該建物と用途上不可分の関係にあり，これと共通の用途に現実に供されている土地であり，河川，道路，囲障などによって隔てられずに連続した土地をいい，土地登記記録上の地目，筆数，所有権の有無とは関係がなく，客観的に一団の土地を形成していることをもって足りるとされています（福岡高判昭54・12・13判タ409-114）。そして，そのような一つの敷地ごとに接道義務を果たす必要があるのです。

　もっとも，一団地内に2以上の構えをなす建築物を総合的設計によって建築する場合においては，例外として，この接道義務が緩和される場合があります（建築基準法86条1項）。また，既存建物を前提とした複数建物の建築の場合の連坦建築物設計制度も同じく例外となります（建築基準法86条2項）。

　（3）　なお，建築基準法40条は，地方公共団体は，その地方の気候もしくは風土の特殊性または特殊建築物の用途・規模により，建築物の安全，防火または衛生の目的を十分達するために，条例により建築物の敷地などに関して，安全上，防火上または衛生上必要な制限を付加することができる旨を定めています。そこで，多くの地方公共団

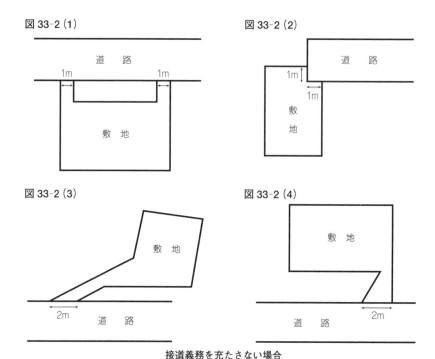

図 33-2 (1)　　　　　　　　　　　図 33-2 (2)

道　路　　　　　　　　　　　　　道　　路

1m　　　　1m　　　　　　　　1m

敷　地　　　　　　　　　　　　　1m

　　　　　　　　　　　　　　　　敷
　　　　　　　　　　　　　　　　地

図 33-2 (3)　　　　　　　　　　　図 33-2 (4)

敷　地　　　　　　　　　　　　　敷　地

2m　　　道　路　　　　　　　　　道　路　　　2m

接道義務を充たさない場合

体は，いわゆる路地状敷地の幅員について，制限を設けています
（Q39参照）。

2　接道のしかたの問題点

　敷地が道路に接すべき2m以上の意義については，連続して2m以
上なのか，あるいは接している部分が合計して2m以上であればよい
のかについては，法文上不明瞭ですが，建築基準法の規定の趣旨から
みて，前者と解すべきでしょう。裁判所もそのように解しています
（佐賀地判昭32・4・4行裁例集8-4-729）。

　したがって，図33-1の接し方であれば問題はありませんが，図
33-2(1)ないし(4)のような場合には問題があり，原則として接道義務
の要件を充たしていないとみるべきでしょう。

　なお，下級審の判例に，4m幅の私道と建物の敷地とが14.5mにわ

たって接しているところ，実際の出入口としては0.70mしか利用でき
ないようになっている事案において，「接道の義務は建物敷地と道路
敷地との接触が2m以上の長さのものであるとしているだけであっ
て，出入口の幅員の長さを要求しているものではない」とするものが
ありますが（東京高判昭49・11・26判時768-32），これは疑問で，その道
路を安全に利用できる状態で接道しているべきでしょう。

3　敷地が接道していない場合

　敷地が道路に接していない場合でも，前記のように，その敷地の周
囲に広い空地を有する建物で，特定行政庁（市町村長または都道府県
知事）が交通上，安全上，防災上および衛生上支障がないと認めて，
建物を建築することができます
（建築基準法43条2項2号）。

　この許可の判断については，特定行政庁があらかじめ許可基準を定
めて（いわゆる「一括審査基準」），それに該当する場合には簡易迅速
に許可の処理ができるように工夫し，該当しない場合には，個別に審
査するというような運用になっています。

　このほか，接道義務の緩和にかかわる制度としては，前記の「一団
地の総合的設計制度」や「連坦建築物設計制度」があります（建築基
準法86条）。

Q 建築基準法上の道路とされる私道の幅員は，どれくらいなければならないのですか？

A・・・・・

1 「道路」の定義

　建築基準法においては，建築物の敷地は，「道路」に2m以上接していなければならないと規定されています（建築基準法43条1項）。これを接道義務といいます（Q33参照）。この「道路」というのは，建築基準法上の道路（建築基準法42条）を意味しており（Q29参照），一般の交通の用に供されている道のうち，原則として4m以上の幅員（敷地が接している道路部分だけではなく，道路全体についていうものと解すべきでしょう）があるもので，市町村道のような公道はもちろんのこと，特定行政庁（市町村長または都道府県知事）が道路位置の指定をした私道である，いわゆる道路位置指定道路もこれに含まれます。

　この原則に対し，建築基準法42条2項により，幅員4m未満でも道路とみなされる，いわゆる「2項道路」「指定道路」「みなし道路」の例外があります（Q32参照）。

　また，幅員4mの原則に対しては，特定行政庁がその地方の気候もしくは風土の特殊性または土地の状況により必要と認めて都市計画地方審議会の議決を経て指定する区域内においては，道路の幅員は6m以上とされていますが（建築基準法42条1項），さらにこの例外として，この指定区域内の幅員6m未満の道でも，特定行政庁がつぎのいずれかに該当すると認めて指定したものは，道路として扱われます（建築基準法42条4項）。

　①周囲の状況により避難および通行の安全上支障がない幅員4m以上の道

②地区計画等に適合した幅員4m以上の道

③この区域が指定された際現に道路とされていた6m未満の道

なお，③に該当するとして指定された幅員4m未満の道については，建築基準法42条2項の規定（みなし道路）にかかわらず，区域指定時に道路の境界線とみなされていた線がその道路境界線となります（建築基準法42条5項）。

2　幅員の算定のしかた

建築基準法上の道路の幅員をどのように算定するかについては，行政解釈として，側溝は含むが法敷，つまり道路両側の斜面は含まないとされています（昭27・1・12住指1280号鳥取県土木部長宛建設省住宅局建築指導課長回答・・・図34-1(1)～(3)）。

図34-1 (1)

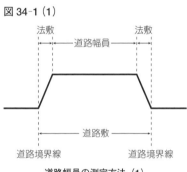

道路幅員の測定方法（1）

道路の幅員には側溝を含むとした場合，側溝の内法で測るのか，あるいは外法で測るのか考え方が分かれていますが，外法で測るのが妥当でしょう（図34-2）。

道路の幅員を算定する方法は，まず道路の中心線を求め，その中心線に直角の方向にある道路境界線間の距離を測ることになります（図34-3）。なお，建築基準法42

図34-1 (2)

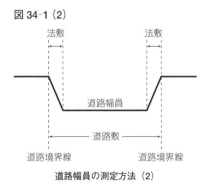

道路幅員の測定方法（2）

図34-1 (3)

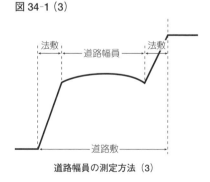

道路幅員の測定方法（3）

図 34-2

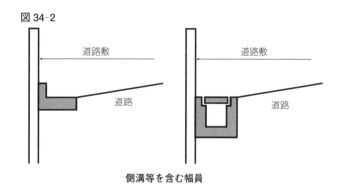

側溝等を含む幅員

図 34-3

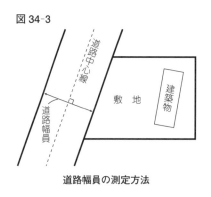

道路幅員の測定方法

図 34-4 (1)

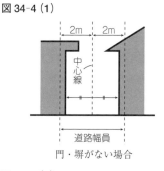

門・塀がない場合

図 34-4 (2)

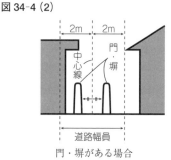

門・塀がある場合

法42条2項道路の中心線および幅員の測り方

条2項の道路について，中心線を求める場合においては，建築基準法が施行（昭和25年11月23日）の際（現在は，「都市計画区域若しくは準都市計画区域の指定若しくは変更又は第68条の9第1項の規定に基づく条例の制定若しくは改正によりこの章の規定が適用されるに至った際」と改正）または当該区域が都市計画区域に指定された際の状態で判断することになりますが，門や塀がある場合とない場合とでは区別する必要があるでしょう（図34-4(1)(2)）。

3 容積率算定における前面道路の幅員

建築基準法は，敷地上の建築物の形態制限の一つとして，容積率（建築物の延べ面積の敷地面積に対する割合）の制限を設けています（建築基準法52条）。そこでは，①都市計画で定められた容積率，②「前面道路」の幅員が12m未満である場合に逓減された容積率，のうち厳しい値を採用しなければならないことになっています。そこで，その道路が「前面道路」であるかどうか，そうであるとして幅員がどれくらいあるかが具体的な容積率を決定する重要な問題となってきます。

ところで，「前面道路」とはなにをいうかについて，実は建築基準法に定義規定はありません。結局，建築基準法の各規定の趣旨から，建築物の敷地に2m以上接する道路を「前面道路」というと考えてよいでしょう。

建築基準法42条2項の道路を前面道路として扱う場合の道路の幅員については，現況の幅員ではなく，2項道路としてのみなし道路の幅員をもって「前面道路」の幅員と取り扱っているようです。

なお，敷地が異なる二つ以上の道路に面する場合には，容積率に関してはもっとも広い幅員の道路を「前面道路」の幅員とすることができます（図34-5）。

4 敷地内の通路の幅員

建築基準法35条に掲げられている特殊建築物（①建築基準法別表第一（い）欄（一）〜（四）項の用途の特殊建築物，②階数が3以上の建築物，③採光上の無窓居室のある建築物，④延べ面積が1,000m²の建築物，ただし，同一敷地内に2以上の建築物がある場合は，それらの延べ面積の合計が1,000m²を超える場合）の敷地内には，屋外避難階段の出口および一般の屋外への出口から，道または公園，広場などに通ずる通路を設けなければならないとされていますが（建築基準法施行令128条），建築基準法には，通路の幅員の規定がありません。しかし，通路設置の目的が，避難上あるいは消防上の必要からであるので，一般的には，障害物などを取り除いた通路の有効幅員と考えて差し支えないと思います。そこで，建築基準法施行令は，幅員1.5m

図 34-5

B道路のほうが幅員が広ければB道路を前面道路の幅員としてよい。

幅員の異なる道路に接している場合

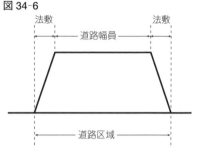

図 34-6

道路幅員（建築基準法）と道路区域（道路法）の違い

以上の避難用の通路を設けなければならないと規定しています（建築基準法施行令127条，128条，128条の2）。

　民法211条2項に，隣地通行権者は，必要がある場合には，通路を開設できるとされていますが，この場合の通路について民法には幅員に関する定めはありません（Q6参照）。

　なお，道路法には，「道路区域」という規定がありますが（道路法18条），それと建築基準法上の道路との違いは，図34-6のとおりです。

5
私道と建築基準法

35 道路内の建築制限

Q 隣家が私道に張り出して塀を建てているように思えますが，これは許されますか。もし許されないとしたら，どういう手続で撤去されるのですか？

1 道路内の建築

　道路は，一般公衆の交通の用に供されるものであるばかりでなく，それに接している建築物にとっては，日常生活上必要不可欠な日照などを確保する機能をも有するものです。したがって当然，道路上に障害物があることは許されないことになります。道路法の適用がある道路については，このことを道路管理者の監督権の面から規定していますが（道路法71条），建築基準法では，私道を含む道路について，建築物または敷地を造成するための擁壁は，道路内に，または道路に突き

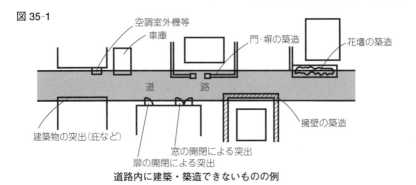

図 35-1

空調室外機等
車庫
門・塀の築造
花壇の築造

道　路

建築物の突出（庇など）
扉の開閉による突出
窓の開閉による突出
擁壁の築造

道路内に建築・築造できないものの例

出して建築し，または築造してはならないというかたちで規定しています（建築基準法44条1項本文）。

　建築制限の対象となる建築物は，軒，庇，はね出し部分を含むすべての地上にある部分で，付属する門，扉，塀なども含まれます。建築物は敷地内でも出入口の扉や窓が開閉によって一時的に道路に突出する場合もこれに含まれます。また，建築物の外部に設置した空調室外機，受水槽なども同様です（図35-1）。

　もっとも，例外として，道路内に突き出して建築または築造できるものとして，①地盤面下に建築するもの，②公衆便所，巡査派出所その他これに類する公益上必要な建築物で通行上差し支えのないもの，③公共用歩廊（アーケード）その他政令で定める建築物で特定行政庁（市町村長または都道府県知事）が安全上，防火上または衛生上他の建築物の利便を妨げ，その他周囲の環境を害するおそれがないと認め建築審査会の同意を得て許可したもの，が定められています（**建築基準法44条1項但書**）。

　このような建築制限は，公共の利益のためにするものなので，当然に許されると解されています。

2　違反の除去手続

　建築基準法上の私道に違反建築物が建てられた場合，それを除去するには，まず建築基準法によって，特定行政庁は当該違反建築物の建築主，工事の請負人，現場管理者，建物または敷地の所有者，管理

5
私道と建築基準法

者，占有者に対して，当該工事の施工の停止を命じたり，または，相当の猶予期限をつけて，違反建築物の除却，移転，改築そのほか違反を是正するために必要な措置を命ずることができるとされています（建築基準法9条1項）。

　特定行政庁がこの命令を発するには，あらかじめ，命じようとする措置および理由を記載した通知書を相手方に交付しなければならず，その交付の日から3日以内に措置を命ぜられた者から聴聞の請求があれば，公開による聴聞を行わなければなりません（建築基準法9条2項〜6項参照）。

　発令された是正命令に違反した場合は，3年以下の懲役（令和7年から拘禁刑）または300万円以下の罰金に処せられます（建築基準法98条）。もし，是正命令を受けた者が特定行政庁の命令に従わない場合には，行政代執行の方法により，特定行政庁が自ら除去するか，あるいは第三者に除去させることができるとされています（建築基準法9条12項）。

　特定行政庁は，建築基準法令に違反することが明らかな建築，修繕または模様替えの工事中の建築物については，緊急の必要があって，前記の手続によることができない場合に限り，これらの手続によらないで，建築主，工事の請負人（下請けを含む）もしくは現場管理者に対して，工事の施工停止を命ずることができ，これらの者が工事現場にいないときは，当該工事に従事する者に対して作業の中止を命じることができます（建築基準法9条10項）。これを緊急停止命令といい，この命令に違反した者も処罰されます（建築基準法101条1項3号）。

3　私法上の措置

　以上の措置は，行政上のものですが，当該私道について，公道に至るための他の土地の通行権（袋地通行権，囲繞地通行権，法定通行権，隣地通行権），通行地役権，その他の実体法上の通行権を有する者は，特定行政庁に違反建築物に対する上記の権限の発動を促すことができるほか，通行権が妨害されているとして，その権利にもとづき妨害排除の請求をすることができます（Q41参照）。なお，特定行政庁の権限の対象外の妨害物の排除については，もっぱら私法上の措置によることになります。

36 私道の変更・廃止

Q いままで利用していたA所有の私道を，Aが廃止したいと言ってきました。その私道は建築基準法上の道路とされていますが，一方的に廃止することができるのでしょうか？

A‥‥‥

1 私道の変更・廃止の自由

　私道は，私人の所有する土地を通行の用に供しているものなので，そこが後記のような建築基準法上の道路ではなく，そこを通行している者が何の通行権をもたず，ただ単に私道所有者の好意で通行させてもらっているにすぎない場合には，私道所有者は原則として，土地所有権にもとづき，自由に私道を変更したり，あるいは廃止することができます。そして，その行為が直ちに権利の濫用になるというわけのものではありません（東京高判昭49・1・23東高民時報25-1-7参照）。したがって，その場合は変更・廃止されてもしかたがありません。

2 変更・廃止と通行権

　私道に対して，通行権を有する者がある場合には，その私道が建築基準法上の道路であるか否かにかかわらず，その通行権の行使を妨げることはできないので，私道所有者のみの意思で勝手に変更・廃止をすることはできません。もし，私道所有者が通行権者の権利を無視して，一方的に変更・廃止をしたときは，通行権者は通行権にもとづいて，妨害排除の請求をすることができます（Q41参照）。

　私道を通行する権利にはいろいろなものがありますが（Q1参照），このように通行権がある場合には，私道所有者の一存によって一方的に通行権を消滅あるいは変更することは認められないので，私道を変更・廃止するには通行権者全員の承諾がなければなりません。しか

し，かりに通行権者全員の承諾があったとしても，その私道が建築基準法上の道路であるときには，後記のとおり制限されることになります。

　なお，公道に至るための他の土地の通行権（袋地通行権，囲繞地通行権，法定通行権，隣地通行権。以下「隣地通行権」という）については，いったん通行権として成立した以上，私道所有者が事実上私道を閉鎖し，廃止しても，隣地通行権の要件が消滅していないがぎり，袋地所有者は依然として従前の位置に隣地通行権を主張できるとする下級審の判例がある（東京地判昭36・8・15判時271-18）一方で，いったん隣地通行権の目的とされていた私道部分が閉鎖された場合であっても，その閉鎖行為をした囲繞地（袋地を囲む土地）の所有者の他の土地部分に，客観的にみても，また当事者の都合からみても，通行に適する土地がある場合には，必ずしも従前の土地部分に通行権を認める必要はなく，通路として最適の土地部分に新たな通路を求めることも可能であると柔軟に考える下級審の判例もあります（東京地判昭38・9・4判タ152-85）。

3　建築基準法と私道の変更・廃止の制限

　都市計画区域内の土地に建築物を建てる場合，その建築物の敷地は，原則として幅員4m（指定区域では，原則として6m）以上の道路に2m以上接していなければなりません（建築基準法42条1項，43条1項）。これを接道義務といいます（Q33参照）。この場合の道路とは，建築基準法上の道路を意味しますが，その中には，道路位置指定を受けたような私道も含まれます（Q30参照）。

　ところで，このような接道義務を果たす前提要件となっている私道が，その所有者の意思によって自由に変更・廃止ができるとする

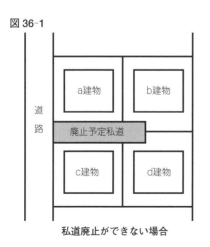

図 36-1

私道廃止ができない場合

と，その私道により，それまで建築基準法上適法な建築物であったものが，突如として接道の要件を欠き違法建築物となってしまい不都合が生ずることになります。そこで建築基準法は，私道の変更・廃止によって，建築物の敷地の前記の接道義務に抵触する事態となる場合には，たとえその変更・廃止について通行権者全員の承諾があった場合でも，公益上の必要から，特定行政庁（市町村長または都道府県知事）はその私道の変更または廃止を禁止または制限することができると規定しています（建築基準法44条1項）。たとえば図36-1においては，bおよびdの建物の敷地は，廃止予定の私道によってのみ接道義務を果たしているので，この私道を廃止してしまうとbおよびdの建物の敷地は接道義務違反となってしまい，この場合，私道を廃止することは認められないことになります。

4　私道の変更・廃止の手続

　私道を変更あるいは廃止するのに，法的な障害がなければ，私道の所有者が事実上私道敷地内に建物を建てたり，塀を建てたり，あるいは杭を打ったりなどして，私道としての機能や形態を廃止あるいは変更してしまうだけでいいのですが，その私道が建築基準法42条1項5号の道路位置指定を受けていたり，あるいは同条2項の指定道路であったりする場合には，どのような手続を要するか問題があります。

（1）　廃止・変更手続の要否

　建築基準法上の私道の変更・廃止の手続について，建築基準法や建築基準法施行規則は何ら規定をおいていません。そこで，本来，私道を変更・廃止することは私道所有者の自由であるべきことを理由として，実体法上の隣地通行権などの問題は別として，建築基準法上は私道所有者は45条1項に抵触しないかぎり，前記のような事実上の行為によって私道の変更・廃止を自由にすることができると考える立場があります。しかしながら，道路位置指定などの行政処分によりいったん道路とされた以上，それを消滅させるには，その取消しの処分が必要であるというべきでしょう。私人がその判断において当然に行政処分を無視できるというのは妥当ではありません。そこで，特定行政庁によっては，規則で事前に届出をさせるなど，道路位置指定と同様な

手続を定め，変更・廃止処分の存在を明確にするとともに，勝手に建築基準法上の私道が変更・廃止されないように定めている場合があります。

（2） 関係権利者の承諾

特定行政庁が規則により，私道の変更・廃止を規定している場合には，その多くは関係権利者の承諾を要求しています（**東京都建築基準法施行細則16条3項参照**）。この場合，この関係者の範囲をどのように考えるかについては，およそつぎのように見解が分かれています。

①道路位置指定処分の際の関係権利者と同じ範囲の者の承諾を要するとするもの（Q30参照）。

②当該私道が廃止されると，接道義務の規定に抵触することになる敷地の権利者の承諾を要するとするもの。

③当該私道敷地自体にかかる権利者および私道廃止処分により接道義務に関する規定に抵触することになる沿接敷地の権利者の承諾を要するとするもの。

④当該私道敷の所有者および使用権を有する者の承諾を要するとするもの。

なお，最高裁判所の判例は，前記の東京都建築基準法施行細則に関して，沿接敷地所有者（私道敷の一部も所有している者）の真意にもとづく承諾を欠く場合になされた私道廃止処分の事案において，私道廃止処分は道路位置指定による私権の制限の解除を意味するにとどまるから，権利者の承諾は，位置指定の場合に比べると重要なものとは考えられないとしています（**最判昭47・7・25民集26-6-1236**）。したがって，必ずしも道路位置指定申請時と同じ範囲の関係権利者の承諾を必要とするとは限らないことになります。

図36-2は，関係権利者として，その承諾を要する者の範囲の考え方の一例をあげたものです。行き止まりの私道の最奥a部分を廃止して計画建築物（A）を建てる場合には，その部分の関係権利者であるfおよびgの承諾があればよく，そのほかの部分関係権利者の承諾は必ずしも必要ではないと解されます。他方，幅員を構成する私道の一部（b部分）を廃止して計画建物（B）を建てる場合，その部分の土地所有者だけではなく，それと一体になって幅員を構成している土地

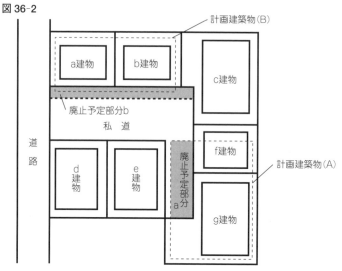

図36-2

計画建築物（B）

a建物　b建物

c建物

廃止予定部分b

私　道

f建物

計画建築物（A）

d
建物

e
建物

廃止予定部分a

g建物

道　路

承諾の要否の範囲の例

の権利者の承諾が必要であるばかりでなく，私道に接する部分の土地
建物の所有者であるdおよびeの承諾も必要である場合が多いと解さ
れます。なぜなら，dおよびeは，容積率（建築基準法52条）および斜
線制限（建築基準法56条）の適用にあたって不利益を受けるからです。

（3）　承諾がない場合

私道を変更・廃止する場合に必要な関係権利者の承諾が欠けていた
り，あるいはあってもそれが真正なものでなかったりした場合になさ
れた特定行政庁の私道廃止処分等の効力については，裁判所の判断
は，当然無効とするものと（東京地判昭46・5・29判時629-53），場合に
より当然には無効とはならないとするもの（最判昭47・7・25民集26-6-
1236）とに分かれています。

比較的最近の下級審の判例に，道路位置指定をされた道路につき，
①取消しにより，接道義務違反になる建物がないときには，関係者の
承諾は必要ないとしたり（東京地判平28・6・17判時2325-30），②接続予
定の宅地が建築用に築造されないまま，ある程度の期間が経過して，
近い将来築造される見込みもない場合には，申請がなくとも特定行政

庁は道路位置指定の取消処分をすべきで，この場合，道路敷地所有者の承諾は必要ないとしたものがあります（東京高判平28・11・30判時2325-21）。

図 36-3

第8号様式の3(第17条の3関係)

私 道 ^{変 更}／_{廃 止} 届 出 書

　　建築基準法第42条第1項第3号の規定による道路の ^{変更}／_{廃止} を下記のとおり届け出

ます。
この届出書及び添付図書に記載の事項は、事実に相違ありません。

年　　月　　日

　東京都知事　殿

届出者　氏名

（法人にあつては、その名称）
（及び代表者の氏名　　　　）

記

(1)	届出者住所	電話　（　　）
(2) 代理人	住　　所	電話　（　　）
	氏　　名	
(3)	道路の地名及び地番	
(4) 届出道路	幅　　員	m
	延　　長	m
(5)	備　　考	

※ 受 付 欄	都	建築指導事務所・支庁

　1　(1)欄は、法人にあつては、その事務所の所在地を記入してください。
　2　※印のある欄は、記入しないでください。

（日本産業規格A列4番）

37 私道の通行の自由権

Q 隣地の所有者が開設している私道を通行しています。そこは道路位置指定をされている私道ですが，最近，所有者から通行しないように言われました。通行してはいけないのでしょうか？

1 通行の自由権

かつて最高裁判所の判例は，公道である村道において，村民の一人が村道に木柵を設置して，他の村民の数十年来の利用を妨害した事案につき，村民の公道の一般的使用について，村民は他人がその村道に対して有する利益を侵害しない程度において，使用の自由をもち，この使用（通行）の自由権は公法上のものではあるが，日常生活上不可欠のものであるから，民法上の保護が与えられ，もし通行の妨害をされたときには，その排除を求める権利を有することは当然だとしました（最判昭39・1・16民集18-1-1）。

その後，この考え方が建築基準法上の私道の通行にも推し及ぼされるようになりました。すなわち，建築基準法上の道路とされる私道については，道路に建築物を張り出して建ててはならないとか（建築基準法44条1項），敷地の接道義務を果たすための道路となっている私道の変更・廃止は制限されるなど（建築基準法45条）の規制があり，公道に準ずる扱いとなっているところ，このような私道を第三者が通行できるのは，建築基準法という公法としての目的，つまり，交通を確保し，防災活動や災害避難に備えるために，常に一定の道路が確保されていなければならないという公益的要請による規制にもとづいて私道所有者が受ける公法上の義務の反射的利益としてですが，その第三者の当該私道に対する通行が，さらに日常生活のうえで必須のものに

なっている場合には，その通行は民法上保護されるべき自由権となり，その通行が妨害されたときには，不法行為にもとづき，あるいは人格権にもとづき，妨害排除請求ができるものとして保護されなければならないというのです。この考え方は，下級審の判例の積み重ねから一般的になってきていました。

2　最高裁判所の判例

　建築基準法上の私道に対する近隣者の通行について，最高裁判所が判断を示したものが四つあります。

（1）　最判平3・4・19金融・商事判例872-42

　（a）　Y_1は，図37-1の甲地を所有し，その土地上の建物をY_2およびY_3が共有して，同建物にYらが居住しており，Xは乙地およびその地上の建物を所有し，Aは丙地を，Bは丁地をそれぞれ所有しているところ，乙地の北東寄りの北西部分および丙地の西南寄りの北西部分に，それぞれ幅1.125m（計2.25m），長さ10.30mの土地をもって本件私道が設置されていて，その北西端が公道に接しています。本件私道ならびに甲地の北東部分および丁地の西南部分の各幅員0.875m，長さ16.30mの土地をあわせて，昭和30年4月7日付で建築基準法42条1項5号の道路位置指定がなされ，同25日告示されました。

　その後Yらは，昭和57年3月20日ころ，上記道路位置指定道路内

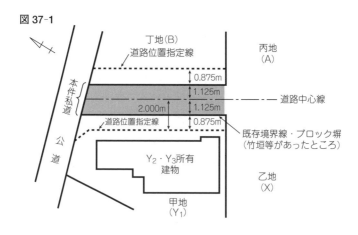

図37-1

である乙地と甲地との境界線，つまり本件私道と甲地との境界線上に従前から存在した竹垣および柾木の生垣を除去して，これと同一の位置にブロック塀を築造しました。

そこでXは，Yらが本件道路位置指定道路内のXの通行の自由を侵害しているとして，ブロック塀の撤去を求める訴えを提起しました。

（b）　第一審は，Yらの行為を不法行為的に構成してXの請求を認め（東京地判昭60・5・9判時1201-100），控訴審も人格権の侵害と明示してXの請求を認めました（東京高判昭62・2・26判時1233-75）。

これに対し，最高裁判所は，道路位置指定がなされ，その土地が現実に道路として開設されていれば，その土地所有者以外の者でも右土地を自由に通行できるが，本件道路位置指定土地のうちY_1所有土地の部分は，既存の本件私道との境界線上（ブロック塀築造位置）に従前から存在した竹垣および柾木の内側に位置し，現実に道路部分として開設されていなかったのであるから，Xがその部分を自由に通行できるものではないとして，Xの請求を認めませんでした。

（2）　最判平5・11・26判時1502-89

（a）　Yは，図37-2の甲地および同地上の建物を所有して居住し，XはCの所有する乙地上の東端の建物を所有して居住し，AおよびBは丙地および同土地上の建物を共有し，Aが同建物に居住しています。甲および乙の各土地と丙地の境界を中心線として，その両側の水平距離2mの範囲の土地（アミ部分）は，建築基準法42条2項により同条1項の道路（本件道路指定道路）とみなされています。

図37-2

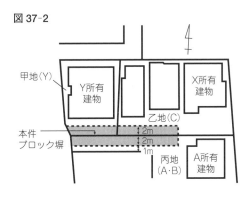

Ｘが乙地上に建物を建築して居住するようになった当時，すでに甲地には，Ｙ所有の旧建物があり，本件道路指定土地の中心線からブロック２枚分の幅ほど北側に寄った位置に塀が設けられていました。Ｙは，昭和61年7月頃旧建物を取り壊して新築することとし，昭和62年2月頃までに現在の建物の新築を終えたが，その際，従前の塀を取り壊して，その位置からブロック２枚分の幅ほど南側に張り出した位置（本件道路指定土地の中心線にほぼ沿った位置）にブロック塀を新設する工事に着手したところ，Ｄ区役所建築課の職員から本件道路指定土地内にブロック塀を設置することは許されないと通告されました。しかし，Ｙが予定通り工事を強行しようとしたため，Ｄ区長は工事の停止を命じましたが，Ｙは，工事停止命令に従わず，甲地と各隣接地との境界にほぼ沿った位置にブロック塀を設置してしまいました。なお，本件道路指定土地の中心線から南側には幅員約３ｍの通路状の土地部分（ＡとＢとの共有にかかる丙地の一部）があります。

　そこでＸはＹに対し，通行の自由権を侵害されたとしてブロック塀の撤去などを求めて訴えを提起しました。

　（ｂ）　第一審はＸの敗訴でしたが，控訴審は，一般人の指定道路に対する通行は，指定の反射的利益ではあるが，Ｘにとっては同時に民法上保護すべき自由権（人格権）の重要な内容をなすとして，ブロック塀の撤去を認めました（**東京高判平元・9・27判時1326-120**）。

　これに対し，最高裁判所は，ブロック塀の裏側に位置するＹの所有地のうち，Ｙが従前設置していた塀の内側の部分は，現実には道路として開設されておらず，Ｘが通行していたわけではないから，右部分については，自由に通行しうるという反射的利益自体が生じていないし，ブロック塀の設置により既存の通路の幅員が狭められた範囲は，ブロック２枚分の幅の程度にとどまり，本件ブロック塀の外側（南側）には公道に通ずる通路があるのであるから，Ｘの日常生活に支障はなく，本件のブロック塀の設置によりＸの人格的利益が侵害されたとは認められず，通行の自由権（人格権）の理論的当否を論ずるまでもなく，Ｘの請求は認められないとしました。

　（3）　**最判平9・12・18民集51-10-4241**

　（ａ）　本件私道は（図37-3のアミ部分）は，昭和33年頃開発され

図 37-3

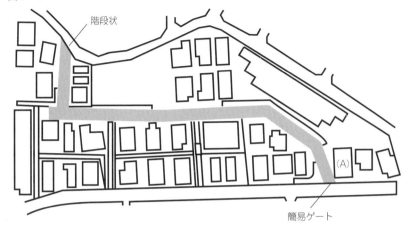

階段状

(A)

簡易ゲート

た大規模な住宅団地の中に開設されたもので，建築基準法上の道路位置指定道路であって，舗装され幅員4mあり，40年近くにわたって近隣住民の徒歩および自動車による通行の用に供されてきました。本件私道は，その両端で公道に接していましたが，その一方は（A）の建物およびその敷地を所有するYらの所有部分であり，他方は階段状であって仮に平面状に直しても勾配が急で，自動車による通行はできず，結局公道に出るには本件私道を通行せざるを得ない状況です。平成3年9月頃Yらは，その主張する通行に関する契約を締結しない住民の自動車等による通行を禁止する趣旨のビラをまくとともに，本件私道上に簡易ゲート等を設置して，団地住民であるXらの自動車による通行を妨害しました。そこでXらは，通行妨害排除・予防を求める訴訟を提起しました。

（b）　第一・二審はXらの勝訴でしたので，Yらが上告しました。

最高裁判所は，道路位置指定を受け現実に開設されている道路を通行することについて日常生活上不可欠の利益を有する者は，右道路の通行をその敷地所有者によって妨害され，または妨害されるおそれがあるときは，敷地所有者が右通行を受忍することによって通行者の通行利益を上回る著しい損害を被るなどの特段の事情のない限り，敷地所有者に対して妨害行為の排除・予防を求める通行に関する人格権的

権利を有するとして，Ｙらの上告を棄却しました。

（4）　最判平12・1・27判時1703-131

（a）　Ｘらは，Ａから相続した所有地から公道に出るには，本件私道（未舗装）を通行しなければならない状況にあるところ，本件私道は建築基準法42条2項の指定道路であり，その幅員は当初（太平洋戦争終了前の開設）は約2ないし3ｍで，道路部分は明確であったものの道路端にある側溝や塀により狭くなっており，主に人が徒歩または二輪車で通行していただけで，自動車による通行はできない状況でした。その後相続により本件私道の所有者となったＹらが昭和59年にマンションを建築する際に，塀を撤去し，道路の中心線から2ｍ後退した位置にフェンスを設置したため，幅員は約3.4ｍとなりました。しかし，近隣の建築工事のために約1年間臨時に自動車が通行した以外には自動車による通行はされていませんでした。ところが，平成3年になって，Ｘらがそれまで居住その他の使用をしていなかった所有地を賃貸駐車場として使用しようとしたため，Ｙらは，最初は前記のフェンスを撤去し，道路中心線から2ｍ以内の位置にブロックを積む工事を開始しましたが，区の指導もあって中止し，自己所有地内に新フェンスを設置するとともに，自動車を通行させないことを目的として，当初の塀の位置に，金属製のポールを10本設置しました（Q38の図38-2参照）。そこで，Ｘらが通行地役権および通行の自由の利益侵害を理由に妨害排除請求の訴訟を提起しました。

（b）　第一審は自動車通行を含まない通行地役権のみを認容し，二審は通行の自由権（人格権）にもとづく自動車の通行妨害排除を認めました（Q38参照）。これに対しＹらが上告しました。

最高裁判所は，前記（3）の判例を前提として，建築基準法42条2項の指定道路にも同様の要件のもとに人格権的権利が認められるとしたうえで，本件私道は臨時例外的に建築工事のため1年間自動車が通行した以外は，もっぱら徒歩または二輪車による通行のみがなされていた未舗装の道路であり，また，Ｘらは，Ａが死亡した昭和61年10月以降，その共有地を利用していないのみならず，その共有地を単に賃貸駐車場として利用する目的でポールの撤去を求めているのであるから，本件私道を自動車で通行することについて日常生活上不可欠の

利益を有しているとはいえないとして，人格権的権利を否定し，さらに自動車通行を目的とする通行地役権も認められないとして二審判決を破棄し，一審判決を支持しました。

3　最高裁判所の判例からいえること

　上記のような最高裁判所の判例から人格権的権利（最高裁が「通行の自由権」との用語を使用しなかったのは，いまだ法律用語として熟してないと判断したためと思われるが，その実質は，これまで下級審の判例や学説によって論ぜられてきたものと同じであると理解してよい）にもとづき通行の妨害排除・予防を請求できる要件として汲み取れることはおよそつぎのとおりと考えられます。

　（1）通行の対象となる道路は，建築基準法上の私道であり，それは42条1項5号の道路位置指定道路であろうと，42条2項道路であろうと区別はないこと。
　（2）道路が現実に開設されていなければならないこと。
　（3）通行が日常生活上不可欠でなければならないこと。
　（4）私道敷地の所有者が，通行を受忍することによって通行者の通行利益を上回る著しい損害を被るなどの特段の事情がないこと。

4　その他の問題点

　最高裁判所の判例で指摘されている以外で，これまで下級審の判例や学説によって指摘されている問題点はつぎのとおりです（詳細は私道の法律問題〔第7版〕・469頁参照）。

　（1）通行妨害が継続していることを要するか。
　（2）私道所有者の義務は通行の受忍のみであるか。
　（3）通行は必ず無償であるか。
　（4）私道所有者は通行方法を制限できるか。
　（5）実体法上の通行権との関係をどう考えるか。
　（6）私道の変更・廃止との関係はどうなるか。
　（7）訴訟上の主張方法に制約はないか（東京地判平13・1・17判タ1074-196参照）。

38 建築基準法上の私道と自動車通行

Q 所有している私道は道路位置の指定を受けていますが，他人の自動車による通行も認めなくてはならないのですか？

A・・・・・

1 建築基準法上の私道と自動車通行

　私道が道路位置指定（Q30参照）を受けるなどによって建築基準法上の道路（Q29参照）とされると，その私道は一般の交通の用に供されることになり，私道内での建築は制限され（Q35参照），また，私道の変更・廃止も制限されます（Q36参照）。このようにして道路としての機能が確保される結果，第三者もその私道を通行できることになります。この通行は一般的には建築基準法の規制による反射的利益によるものとされていますが，第三者の当該私道に対する通行がすでに日常生活のうえで必須不可欠のものになっている場合には，その通行は，民法上保護に値する通行の自由権として，保護されなければならないという考え方が一般的となってきました（Q37参照）。しかし，通行の自由権の成立が認められるとしても，その内容として自動車による通行をも含むかどうかは，建築基準法の目的の実現と，私道所有者の管理権との兼ねあいの問題となり，結局は，社会通念に照らし，建築基準法上の私道の種類に応じて，その私道の従来からの使用形態，制限行為の目的や態様，それによる交通制限の態様，私道に接する付近住民の生活に与える影響や敷地利用関係，他の交通手段の有無，その地域の地理的状況，私道の使用状況などにもとづいて，交通制限の必要性，相当性を具体的，個別的に検討して判断する必要があると指摘されています。したがって，本問のように，道路位置指定がなされていて私道の幅員が4m以上もあれば，通常は自動車による通行が可能ですが，私道所有者は，具体的な事情のもとにおいて，付近の平穏

を保ち，道路の損壊を防止するなどの合理的な必要性が認められれば，自動車による通行を合理的な範囲で制限できるというべきことになります。

2　具体例

　建築基準法上の私道について，自動車による通行を認めるかどうかについては，下級審の判例は，それが通行の自由権が認められるにいたらない通行（単なる事実上の通行）の場合も含めて分かれており，①安全性などから自動車による通行を否定したもの，②一般的に自動車による通行を肯定したもの，③自動車による通行が認められるかどうかは交通安全上の検討を要するとしたもの，④消防車，救急車などの緊急用車両の通行を考慮し肯定したもの，⑤営業用の駐車場への出入り車両を制限したもの，⑥通行車両の車幅による制限をしたもの，などとなっています（私道の法律問題〔第7版〕・514頁参照）。なお，幅員5mある道路位置指定がなされた共有の私道について，共有者の一部からいわゆるドライブ・スルー方式による利用を認められている事案につき，客が自動車で通行することは，それが社会的に許容されている営業である限り認められるとしたものがあります（東京地判平7・11・9判タ916-149）。

　（1）　自動車による通行を認めなかったもの　　図38-1におけるXらの土地は，分譲を受けた18世帯が居住する住宅団地で，それを囲むようにして開設されている本件私道は，道路位置指定を受けたX

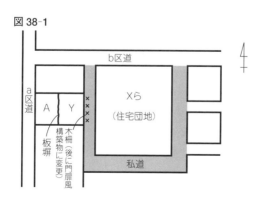

図 38-1

らの共有私道です。Yは団地の西側に本件私道に面して居住している
ところ（土地を賃借して地上に建物を所有している），これまではさ
らに西側の第三者の所有地を通路としてa区道に出ていました。しか
し，a区道とYの賃借地との間にある土地の賃借人Aが，その地上に
自宅兼アパートを建築し，Yの賃借地との境界に板塀を設置してしま
ったため，Yのa区道への通路が塞がれることになりました。そこで
Yは本件私道側を出入口として，b区道を利用することとし，私道内
に自動車を出入りさせたり，あるいは駐車させたりするようになりま
した。そこでXらは，団地の子供の遊び場として利用されている本件
私道に対するYの自動車の乗入れは危険であるし，また，団地居住者
には必要な車両の出入りのみを許していることを理由に，本件私道の
うち，Yの賃借地に接する部分に木柵を設置してYの出入りを禁止し
ました。しかし，Yがこの木柵を取り壊したので，Xらは裁判所に対
し，本件私道への立入禁止・設置物取壊し禁止を請求する訴えを起こ
しました。これに対しYは，日常生活上の出入り妨害禁止・設置物除
去請求の反訴を提起しました。その間，木柵は，Yの歩行による通行
は可能な門扉風構築物に変更されました。

第一審は，XらおよびYの請求をいずれも棄却しましたが，控訴審
は，Yの出入り妨害禁止の請求のみを認めその余の請求をいずれも認
めませんでした。その結果，結局Yは本件私道を利用できるようにな
りましたが，自動車による通行が認められないことになりました。裁
判所はその理由として，Yの建物はもともと公道から直接自動車を乗
り入れることは不可能な場所的状況にあり，現在でも本件私道からY
の借地内に普通自動車を乗り入れて駐車する場所的余裕がないことな
どを指摘しています（東京高判昭49・11・26判時768-32）。なお，否定例
としては，東京地判平7・8・23判時1566-53，大阪高決平7・12・11判タ
919-160があります。

（2）　自動車による通行を認めたもの

（a）　図（後掲Q41の図41-3）のアミ部分の本件私道は，Yらが共
有するもので，その南側に隣接する公道と一体となって建築基準法
42条2項の道路（以下全体を本件道路という）となっています。Xら
は従来，本件道路を通行してそれぞれ自己所有地に出入りしていまし

たが、Yらが本件道路上にブロックによる工作物を設置したために、自己所有地への自動車による出入りがきわめて制限され、著しい不便、不利益を強いられることになりました。そこでXらは、Yらに対し、通行の自由権を根拠に本件道路の通行妨害禁止を求めて訴えを提起しました。これに対しYらは、工作物は何ら通行の障害にはならず、消防自動車や救急車などの緊急車両の進入確保を考慮しても工作物を南北幅20cmないし50cmを残した部分の収去を認めれば足りると主張しました。

　裁判所は、本件道路にXらの通行の自由権の成立を認めたうえで、Xらが自動車で公道に出るには本件道路を利用するしかなく、近時の自動車の社会生活の機能を維持するうえでの効用は飛躍的に増大しており、自動車で公道に出入りしうることが日常生活上不可欠であるところ、本件道路は、以前から周辺住民および一般人の自動車通行を含む通行の用に供されていて、Yら自身も本件道路を自動車で通行していたのであって、本件道路に自動車通行を認めてもYらに過剰な負担を強いることにはならないとしました。そしてさらに、工作物は、本件道路の幅員を狭めるものであって、道路の維持・管理のためのものではなく、Yらが自己の所有権を主張するために、一般公衆が本件道路を通行したり駐車するのを阻止することを目的としたもので、Yらの生活上使用する必要のないものであり、他方、工作物があることによって、消防車、救急車、霊柩車などが進入できなくなるなど、自動車による通行がまったく不可能にはなっていないものの、Xらに看過できない程度の支障が生じているなどと指摘して、結局、自動車による通行を認めています（東京地判平5・6・1判時1503-87）。

　（b）　図38-2においてXらが所有する土地から公道に出入りするには、本件私道を通行しなければなりません。本件私道は建築基準法42条2項に該当する道路であり、当初の幅員は2mないし3mでしたが、側溝や塀があったために、歩行や2輪車による通行ができるだけで4輪自動車による通行はできませんでした。その後、本件私道の所有者であるYが自分のマンションを建築する際に、自己が設置していた塀を撤去して、道路の中心線から約2m後退した位置にフェンスを設置した結果、約3.4mの幅員が確保され、自動車による通行が可

図 38-2

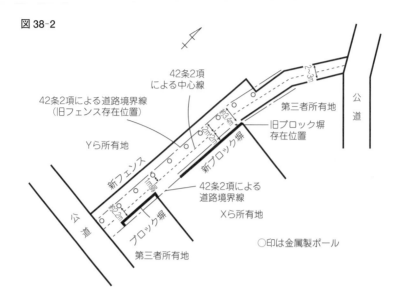

○印は金属製ポール

能になりました。しかし，その後の7年間において，近隣の建築工事のため臨時に工事用の自動車が通行したことはあっても，日常自動車が本件私道を通行することはありませんでした。ところがその後，Xらがその所有地を賃貸駐車場にすることにしたので，Yらは前記フェンスを撤去し，新たなフェンスを図の新フェンスの位置に後退させて設置するとともに，自動車による通行を阻止する目的で，当初の塀があった位置付近に金属製のポールを設置しました。そこでXらは，ポールの位置が建築基準法44条，45条に違反し，自動車により通行する利益を侵害するなどと主張してポールの撤去を求めました。これに対し，Yらは全面的に争うとともに，Xらが所有するブロック塀について，自らは道路中心線から2mの後退を行わずにYらに対してのみ後退を要求しているのは，権利の濫用，信義則違反であると主張しました。

　一審は，ポールの設置は建築基準法に違反するものではないとしたうえで，自動車による通行利益の侵害については，①例外的な場合を除いて過去に自動車による通行がなされていなかったこと，②本件私道の北側部分ではまだ自動車による通行ができない状況であること，

③Xらは相当期間にわたって土地を利用しておらず，今度も居住用ではなく賃貸駐車場として利用するのであるから，Xらの日常生活に必須の要請であるとはいえないこと，などとしてXらの請求を認めませんでした。これに対し控訴審は，新たにXらも自己の所有地を提供して，道路の中心線から2mの位置にブロック塀を建設し直したと認めたうえで，本件におけるポールの設置は建築基準法の趣旨に反するものだとし，ポールの設置により，緊急自動車の進入が制限される事態も予想されることからすれば，ポールによる4輪自動車の通行妨害は，公共の福祉に反し，違法なものだとして，結局，人格権としての通行の自由権を根拠に自動車による通行を認め，さらに本件私道をXら自身が自動車により通行しようと，Xらの賃貸駐車場に出入りする他人が自動車で通行しようと，区別する理由はないとしました（東京高判平8・2・29判時1564-24）。

（3）最高裁判例の考え方

最高裁判所の判例は具体的な事情によって区別しており，上記（2）（b）の上告事件においては，一般論としては建築基準法42条2項のいわゆる2項道路（みなし道路）についての人格権的権利に基づく通行の可能性を認めましたが，具体的な判断としては，否定しました（最判平12・1・27判時1703-131）。その詳細はQ37で紹介してあります。

他方，自動車による通行を認めたものとしては，最判平9・12・18民集51-10-4241，東京地判平13・1・17判タ1074-196，大阪高判平26・12・19判時2272-49などがあります（Q37参照）。

39 路地状敷地

Q このたび一筆の土地を二筆に分筆した奥の土地を買いました。道路とは細長い土地でいちおう接していますが，建物を建てるには，敷地が道路に面していなければならないと聞いています。このままでも建物は建てられますか？

A・・・・・

1　路地状敷地

計画建築物の敷地が細長い部分で道路に接している場合，その細長い部分を路地状敷地といっています。これも俗に私道という場合もありますが，これは本来敷地の一部であり（そのため敷地延長ということもある），建築基準法上の道路ではありません。したがって，路地状敷地は建ぺい率の算定の基礎となります。

ところで，都市計画区域における建築物の敷地は，幅員4m（指定区域では，原則として6m。以下同じ）以上の道路に2m以上接していなければならないという接道義務が規定されていますが（**建築基準法42条1項，43条・・・Q33参照**），路地状敷地によってのみ接道義務を

図 39-1

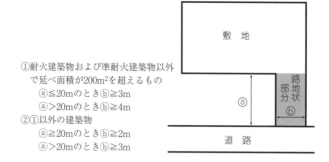

①耐火建築物および準耐火建築物以外で延べ面積が200m²を超えるもの
　ⓐ≦20mのときⓑ≧3m
　ⓐ＞20mのときⓑ≧4m
②①以外の建築物
　ⓐ≧20mのときⓑ≧2m
　ⓐ＞20mのときⓑ≧3m

果たしている場合，その路地状敷地の奥行きの部分があまりに長くなると，接道面が2mでは防災活動や避難行動の面から好ましくないので，特定行政庁（市町村長または都道府県知事）によっては，これを規制しているところがあります（東京都建築安全条例3条・・・図39-1）。設問の場合，路地状敷地の幅がもし2m未満だとすると，建物の周囲に広い空地があったり，それと同様の状況があり，安全上支障がないと認められないかぎり，建物は建てられないことになります。

2　路地状敷地と私道の得失

　ところで，一般に，図39-2(1)のように，一つの敷地にab 2棟の建物を建てるには，その一方が母屋で他方が物置といったように用途上不可分なものでないかぎり，原則として一つの建物の敷地は他の建物の敷地から明確に区別されていなければならないとされています（建築基準法施行令1条1号）。これは，もし道路に敷地が接していない独立した建物を認めると，万一災害が発生した場合に，消防活動や避難行動を迅速かつ円滑に行うことが不可能か，困難になるからです。そこで，aおよびbの建物を建てるには，敷地を二つに区分し，そのいずれもが接道義務を果たすように工夫しなければならないことになりま

図 39-2 (1)

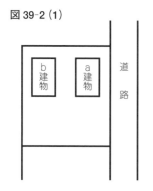

図 39-2 (2)

す。

　その方法としては二つ考えられます。まず第一は，図39-2(2)のように区分してアミ部分を私道とし，特定行政庁から道路位置の指定を受ける方法です（Q30参照）。第二の方法は，図39-2(3)のように区分し，ｂの敷地を道路に直接2ｍ接続する方法です。この路地状敷地によっていちおう接道義務を果たしていることになります。

図 39-2 (3)

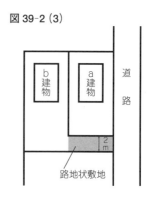

　この二つの方法のうち，建ぺい率，容積率との関係で，敷地により大きな建物が建てられるという面では，路地状敷地によるほうがよいといえますが，建物の周囲に空間をより多く確保するという面では道路位置指定ということになります。もっとも後者では，原則としてすみ切りをしなければならないので，その部分が他人のものであれば，簡単にはいかない場合も生ずるでしょう。

40 建築確認と近隣私道利用者

Q 近所に建物が建つ計画があり，その建物が完成すると我々が利用している私道を自動車で通行することが予測されます。建築確認に対し不服申立てはできますか？

1 建築確認の制度

　建築基準法によれば，一定の規模を超える等法律の規定する建築物を建築しようとするなどの場合は，建築主は，着工前に，その建築計画が当該建築物の敷地，構造，および建築設備に関する法律ならびにこれにもとづく命令，および条例の規定に適合するものであることについての確認を，その旨を求める申請書を作成して都道府県あるいは市町村の建築主事ないし国土交通大臣または都道府県知事が指定した者（民間の指定確認検査機関）に提出して受けなければならないとされています（建築基準法6条1項，6条の2第1項）。これは建築物の安全性の面から，国民の生命，健康および財産の保護を図ることを目的として，建築物が安全である旨の最低基準を定め，その遵守を確保し，実効性を保つ手段として設けられた制度です。

　建築確認を要する場合に，それを得ないで建築物の建築等をすることは禁じられ（建築基準法6条6項），また，確認を得ないで建築すれば，罰金に処せられる（建築基準法101条1項4号）ほか，特定行政庁（市町村長あるいは都道府県知事）によって所定の手続を経たうえで，建築主・請負人などに対し，工事停止命令，除却命令等の是正命令が発せられ，さらには，行政代執行によって建築物が除却せられる場合もあります（建築基準法9条）。これに対し，建築確認がなされれば，それは当該建築計画が建築確認の対象となる建築関係法令に適合することが公権的に確定されたことを意味します。したがって，当該確認

にかかる計画にもとづき，適法に建築しうるという法律上の効果を取得することになります。もっとも，それ以上に建築物が当該確認にかかる建築計画のとおりに建築されたとか，あるいは当該建築確認にかかる計画に従って建てられた建築物が，実体的にも建築関係法令に適合することまでをも確定するものではありません（神戸地判昭59・11・30行裁例集35-11-1961）。

2 建築確認と第三者

　建築確認は，民間の指定確認検査機関が行った場合も含めて行政処分の一種ですが，建築確認について，ある者がそれを争う場合には，裁判所に対する建築確認の取消請求訴訟あるいは無効確認請求訴訟の提起か，あるいは行政不服審査法による建築審査会に対する審査請求のいずれかです。訴訟による場合にはその者に原告適格，つまり裁判所に判断を求める正当な資格が認められなければなりません。また，行政不服審査法による場合も審査請求適格を有しなければなりません。これらの適格を有するかは，その行政処分により，その者の法律上の利益が侵害されるかどうかによります（行政事件訴訟法9条，36条）。したがって，その者の侵される利益が単なる行政処分による反射的利益にすぎない場合には，認められませんが，必ずしも行政処分の名宛人である必要はないと考えられています。

　ところで，通説・判例は，建築基準法が定める建築規制は，公共の利益の保護からのみならず，近隣居住者の個人的利益をも保護する趣旨で制定されていると理解しているところ，建築確認は，それだけでは直接には第三者に対し義務や不利益を課しているものではありませんが，確認されたことにより，建築物が建てられる可能性が現実化したものというべきで，その確認にかかる計画建築物によって法律上の利益が侵害されるおそれのある第三者には，取消請求訴訟あるいは無効確認請求訴訟で争える原告適格，あるいは審査請求適格が認められることになります。しかし，いかなる場合が単なる反射的利益ではなく，法律上の利益が存するといえるのかは，具体的，個別的に判断されることですが，その判定には微妙なものがあります。もっとも，最近この法律上の利益については，広く認めるべきことに法律が改正さ

れています（行政事件訴訟法9条2項）。

3　建築確認と通行者

　そこで，どのような場合に私道の通行者が，他人への建築確認によって利益を侵害されるとして不服申立てをし，その建築確認の取消しまたは無効確認を求めることができるかが問題となります。この場合も結局，具体的，個別的に吟味され，判断されることになります。

4　具体例

　建築確認につき，近隣の通行者等が建築確認の取消しまたは無効確認の行政訴訟を起こせる原告適格を有するかどうかについて触れた判例に，以下のものなどがあります。もっとも，いずれも前記の法律改正前の事例です。

　①Xらが，Yが隣接地に計画している建物の敷地は建築基準法43条1項の接道義務に違反しているところ，これを看過してなされた建築確認は違法であり，取り消されるべきであると主張し，自己の原告適格については，計画建物が建築されると，右隣接地は，建物建築前には建築資材を搬入するための自動車の通行の用に，建築後は右建物を利用する自動車の通行の用に，それぞれ供されることになるから，本件の建築確認処分によりXらの権利が侵害されるのは必定であると主張した事案につき，隣接地を道路の一部として使用しているにすぎない隣接地所有者，使用者は，建築確認の取消しを求める法律上の利益を有しないとしたもの（水戸地判昭61・10・30判例地方自治33-70）。

　②接道義務の対象となっている土地が，建築基準法42条2項の道路でないことを前提とした近隣者の建築確認取消し請求訴訟において，すでに建築工事が完了していることを理由として訴えの利益がないとしたもの（最判昭59・10・26判時1136-53）。

　③現に居住していない隣接土地建物所有者（私道所有者）に建築確認の取消しを求める原告適格があるとしたもの（京都地判平7・11・24判例地方自治149-80）。

41 通行妨害排除

Q 私道の通行を妨害されたとき，その排除ができるのはどういう場合ですか？

A・・・・・

1 通行妨害排除請求権

　私道に通行権を有する者は，通行妨害があった場合には，損害賠償を請求できるばかりではなく（民法709条），その妨害行為の排除あるいは予防を請求することができます（道路内の建築制限に違反している場合についてはQ34も参照）。妨害排除の請求をすることができるのは通行権者であり，その家族や同居人には独自の妨害排除請求権は認められません。もっとも，これらの者でも通行の自由権（Q37参照）のように人格権にもとづく通行権が認められる場合には，その権利にもとづいて妨害排除を請求することはできます。通行権者の有する権利の反射的効果によって通行できる者（新聞や郵便の配達人など）には，もちろん妨害排除請求権はありません。

　通行妨害排除請求権の内容は，通行権の態様によって異なってくるので，場合を分けて考えなければなりません。

2 隣地通行権

　通行権が公道に至るための他の土地の通行権（袋地通行権，囲繞地通行権，法定通行権，隣地通行権。以下「隣地通行権」という）の場合，それが袋地所有権にもとづくものであれば，その通行権は袋地所有権の内容となっているので，通行妨害に対して，袋地所有権にもとづく物権的請求権としての妨害排除請求ができることになります。もっとも，請求の相手方は現実の妨害者であり，囲繞地（袋地を囲んでいる土地）の所有者については単に消極的に通行受忍の義務を負うに

すぎないので，積極的に妨害行為に出ないかぎり相手方とはなりません。地上権ないし永小作権にもとづく隣地通行権の場合もそれぞれの物権的請求権によって妨害排除の請求ができます。

これに対し，賃借権にもとづく隣地通行権については，賃借権が債権であることから無条件で妨害排除を認めることには問題があるとされています（Q10参照）。判例は，一般に不動産賃借権に妨害排除請求の効力を認めるについては，対抗力のある賃借権（袋地が宅地であるときは賃借権の登記か，あるいは建物所有の目的の賃貸借の場合は賃借地たる袋地上にある自己の建物につき登記があるときか，農地の場合は引渡しを受けているとき）に限っています。これは賃借権は対抗力をもつことによってはじめて排他性を取得するのであるから，それをまだ備えていない賃借権には妨害排除の効力は認められないとするものです。

なお，その後，平成29年の民法改正により，一般的に不動産賃借人が対抗要件（民法605条，借地借家法10条，31条など）を備えた場合には，第三者が目的不動産の占有を妨害しているときは妨害の停止を，第三者がこれを占有しているときは返還を請求することができる（民法605条の4），と定められています。

この点に関する下級審の判例につぎのようなものがあります（東京地判昭56・8・27判時1024-78）。

図41-1

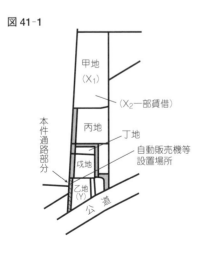

図41-1において，X₁が所有する甲地は，Y所有の乙地とともにA所有の一筆の土地の一部であったところ，Aから財産税の物納として大蔵省に所有権が移転された後，分筆のうえ，借地人であったX₁およびYに払い下げられたものでした。甲地と乙地の間には丙ない戊地が存在しますが，物納され分筆される以前から本件通路部分は通路として開設されて利用され，以後も同様でした。ところ

が，Yが乙土地の本件通路部分に自動販売機5台を設置するなどした
ため，同所の通行が困難になりました。そこで，X₁および甲地の一
部の賃借人であるX₂は，通行地役権や隣地通行権などにもとづき妨
害排除および妨害禁止等を求めて訴訟を起こしました。

　裁判所はこれに対し，X₁については民法213条の隣地通行権にもと
づく妨害排除として自動販売機等の撤去および将来の通行妨害の禁止
等の主張を認めましたが，X₂についてはその賃借権について対抗力
を備えていることの主張立証がないとしてその請求を認めませんでし
た。

3　通行地役権

　通行地役権も物権として物権的請求権の効力を有し，通行権者が通
行を妨害された場合には，その排除および禁止を求めることができま
す。なお，通行地役権の範囲を超える通行利用の場合は，反対に承役
地所有権の妨害になります（東京地判平2・10・29判タ744-117）。

　下級審の判例に，相互交錯的通行地役権の黙示の成立を認め，それ
にもとづく妨害禁止を認容した例につぎのようなものがあります（東
京高判昭32・6・17下民集8-6-1101）。

　図41-2の各地は，もとAの所有で，Aはa地ないしe地を一体とし
て通路とし，甲地ないし戊地を賃貸していました。Aはこれらの土地
をBに譲渡し，Bは財産税納付のため国に物納し，さらに国は賃借人
であったXに乙地とb地を，同じくYには丙地とa地をそれぞれ払い

図 41-2

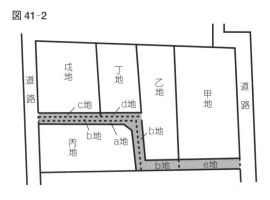

下げました。ところがYがa地部分にコンクリートの工作物を築造したので，Xは契約にもとづく通行地役権などを根拠にYの通行妨害禁止を求めて訴えを提起しました。第一審はXの主張をすべて認めませんでしたが，控訴審である東京高等裁判所は，国からの土地分譲に際し，分譲を受けた者相互間に交錯的な通行地役権（Q21参照）が暗黙のうちに設定されていると判断し，Xの主張を認めています。

4　賃借権・使用借権・その他債権上の通行権

　私道敷に対する通行権が，賃貸借その他の債権契約上のものである場合には，場合を分けて考えなければなりません。まず，その妨害者が貸主である場合には，その契約内容を貸主として完全に履行するよう，つまり，支障なく通行できるよう請求することにより通行の妨害を排除することができます。第三者による通行妨害の場合には，賃借権が対抗力を備えている場合には，その賃借権にもとづく妨害排除を請求することができます。対抗力がなくとも認める見解があります。使用貸借にもとづく通行権については対抗力を備える方法はないのですが，通路の第三取得者が悪意であれば対抗できるとしてものがあります（東京地判平3・6・28判時1425-89）。

　このほか，民法432条により貸主の有する私道所有権にもとづく妨害排除請求権を代位行使することが考えられます。

5　通行の自由権

　私道の通行を，建築基準法上の道路についての通行の自由権として保護できる場合（Q37参照）だとすれば，通行を妨害された者は，その排除を請求することができます。通行の自由権は，まさに他の実体法上の権利で保護されない場合に，通行妨害の排除を可能にするための法理だからです。この通行の自由権は，公道の通行妨害に関し，これを認めた最高裁判所の判例（最判昭39・1・16民集18-1-1）の趣旨を発展させたものですが，下級審の判例では，不法行為にもとづく通行妨害排除と構成するものと（大阪高判昭49・3・28判時762-32），つぎのように人格権の侵害にもとづく妨害排除と構成するものとに分かれています（東京地判平5・6・1判時1503-87）。

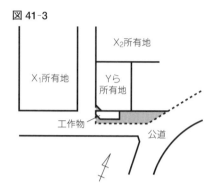

図 41-3

　図41-3におけるＹらの共有する本件土地（アミ部分）は，Ｘ₂の養父である亡ＡからＹに対し，隣地の売却とともに贈与されたものであり，その南に隣接する公道と一体となって道を形成し，建築基準法42条2項の指定道路とされています。Ｘ₁，Ｘ₂は従前からこの道を通行してそれぞれ自己所有地に出入りしていましたが，Ｙらが本件土地上に工作物を設置したために，自己所有地へ自動車での出入りがしにくくなり，防災上も問題が生じました。そこでＸらは，通行の自由権等にもとづき工作物の撤去，通行妨害禁止など求める訴訟を提起しました。裁判所は，一般公衆は，知事の道路位置指定により当該道路を通行できるという反射的利益を受けるが，これは，私人の日常生活上に必須な道路利用である場合には，民法上保護するに値する自由権（人格権）といえ，これが侵害され，その侵害が重大かつ継続のものであるときは，この権利にもとづいて妨害の排除をし，かつ，予防することができるとして，Ｘらの主張を認めています。

　その後最高裁判所も，通行の自由権にもとづく妨害排除請求にかかわるつぎのような判断を示しました。「建築基準法42条1項5号の規定による位置の指定を受け現実に開設されている道路を通行することについて日常生活上不可欠の利益を有する者は，右道路の通行をその敷地の所有者によって妨害され，または妨害されるおそれがあるときは，敷地所有者が右通行を受忍することによって通行者の通行利益を上回る著しい損害を被るなどの特段の事情のない限り，敷地所有者に対して右妨害行為の排除及び将来の妨害行為の禁止を求める権利（人

格権的権利）を有する。」（最判平9・12・18民集51-10-4241）。ここでは「通行の自由権」という表現はしていませんが，実質的には同じことであると考えられます。ただし，事案としてはすでに舗装され，40年もの間自動車により通行していた事案ですから，認めやすかった点はあるかと思います。なお，その後最高裁判所は，建築基準法42条2項のいわゆる「みなし道路」についても，一般論としては同様の判断を示しています（最判平12・1・27判時1703-131）。

その後の下級審の判例は，この最高裁判所の見解にしたがっています（大阪高判平26・12・19判時2272-49など）。

6　占有権・権利の濫用・共有持分にもとづく通行権

その他通行の妨害排除を請求することを認めたものとしては，占有権にもとづくもの（東京地判昭25・12・14下民集1-12-1978），権利の濫用にもとづくもの（仙台高判昭49・12・25判時776-59），共有持分による通行権にもとづくもの（横浜地判平3・9・12判タ778-214）などがあります。

42 通行妨害と損害賠償

Q 私道を不法に占拠されたり，あるいは私道の通行権の行使を
妨害されたりした場合に損害賠償の請求ができますか？

A・・・・・

1 損害賠償請求

　私道は私人によって開設された道路ですが，その所有者であって
も，通行権者がいる場合には権利の行使を受忍しなければならない立
場にあり，また，私道が建築基準法上の道路（**Q29参照**）となってい
る場合には，公法上の規制を受ける結果，反射的に一般利用者の通行
も受忍しなければならないことにもなります。しかし，私道所有者は
その私道が他人によって不法に占拠され，通行が妨害されたときに
は，妨害を排除できるのはもちろんのこと，それによって損害を受け
た場合には，損害賠償の請求もできます。また，反対に通行権が私道
所有者等により閉鎖などの手段によって妨害される場合もあり，その
ときは通行権者は妨害排除請求のみならず損害賠償を請求することも
できます。

2 不法占拠による損害賠償

　私道が第三者によって不法に占拠された場合の損害賠償額はどのよ
うに考えたらいいかということですが，一般に建物の敷地が不法占拠
された場合，その土地の所有者が受ける損害は，その賃料相当額，つ
まり，もしその土地を他に賃貸するとしたら，通常受けるであろう金
額と同一の金額とされています。それでは私道が他人に不法に占拠さ
れた場合も同じように考えられるかというと，私道は建物の敷地と異
なり，所有者といえどもそこに建築物を建てて利用することができな
いので，はたして損害が発生しているかどうか，また，発生していた

としても賃料相当額より低いのではないかという疑問が生じます。しかし，結論として，不法占拠に賃料相当額の損害賠償請求を認めた下級審の判例があります（大阪高判昭44・2・27判時584-78）。

　なお，公道の不法占有があった場合について，道路管理者は占有者に対し，占有料相当額の損害賠償請求権または不当利得返還請求権の取得を認めているものがあります（最判平16・4・23民集58-4-892）。

3　通行権侵害の損害賠償

　通行権の妨害行為には，私道の閉鎖のように全面的に通行を不可能にする場合もありますが，歩行は可能でも自動車による通行をできなくするとか，あるいは土地に建築物を建設するための資材を搬入させることを不可能にするような場合もあります。通行ができないことによって，自己所有の土地などを利用できなくなったことによる財産的損害，たとえば，マンションを建設する予定であったのが，それを阻止するための通行妨害行為によって建設できなくなった場合の損害には，計画建物を完成し，これを分譲したときに得べかりし利益の喪失も含まれることになり，また，妨害行為により土地を売却せざるをえ

なくなり，それを妨害者が予見で
きる状態であったとすれば，土地
の売買差損金も損害となります。
さらに，それが店舗であれば，営
業利益の喪失も損害となります。
しかし，マンション建設反対にか
かわる通行妨害は，日照権，環境
権紛争にからむことが多いので，
このような場合，そもそも不法行
為の成立が認められるかどうかが
まず問題となります。

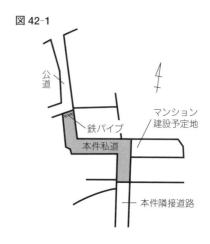

図42-1

　この点に関しては，つぎのよう
な下級審の判例があります。

（1）　図42-1において，X会社が本件私道に面した土地に高層マ
ンションを建設しようとしたところ，これを知った付近住民Yらが，
周辺の環境にそぐわないこと，工事中の事故発生の危険などを理由に
反対運動を起こし，その手段として，私道に乗用車を並べてXの工事
用自動車の進入を阻止し，つぎにこれにかえて私道に鉄パイプを並べ
て打つという行為にでました。そこでXが裁判所に私道通行妨害禁止
の仮処分を申請し，その審理の席上で設計変更や補償金の譲歩案を出
したが不調に終わったので，裁判所が通行妨害禁止の仮処分命令を発
したところ，Yらはこんどはさらに私道に鳥居型鉄パイプを設置して
Xの通行を妨害しました。そこでXはYらの態度からマンション建設
を断念せざるをえなくなり，Xは不要になった敷地を他に売却したと
いう事案です。

　裁判所は，Yらの行為はXの私道に対する自動車通行を含む公道に
至るための他の土地の通行権（袋地通行権，囲繞地通行権，法定通行
権，隣地通行権）および一般人としての通行の自由を侵害していると
し，Yらのマンション建設によって被る日照被害等の不利益が受忍限
度を超える程度ではないこと，仮処分後の妨害行為はきわめて悪質か
つ執拗なものであること，XはYらとの交渉において営利会社として
は可能なかぎりの譲歩案を提示しYらの利益を配慮しているのに対

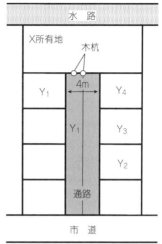

図42-2

し，Yらは十分な判断思料もない
のに生活利益の侵害を根拠として
営利会社たるXの採算をまった
く無視する要求をしていることな
どを理由として，Yらの私道通行
妨害行為を客観的にみて社会生活
上許される程度，範囲を著しく逸
脱するもので，違法であるとし
て，Yらに対し，Xのマンション
分譲ができた場合の得べかりし利
益，すでに支出した諸費用，分譲
違約金，土地の売買差損などにつ
いて損害賠償を命じています（東
京地判昭52・5・10判時852-26）。

（2）　図42-2において，Yらが通路に2本の木杭を打ち，その杭と
杭との間に板を渡して杭に打ちつけ，Xの土地へ進入する車両を阻止
したため，Xは建築工事用車両のX所有地への進入が不可能になった
ことにより自宅の建築工事の続行ができなくなったので建築を断念せ
ざるをえなくなり，他に土地を求めて自宅を建築した事案について，
裁判所は損害として，建築予定であった自宅のための設計料および建
築確認申請料と土地を利用できなかった損失として土地使用料相当額
の2分の1を認めています（奈良地判昭55・8・29判時1006-90）。

（3）　自動車を通行させないなどの通行地役権の妨害について，地
役権設定契約における対価が1年分6万円であることから，係争地を
使用できなかった損害額を1月5,000円と設定しています（東京高判平
11・7・5判時1687-88）。

4　慰謝料・弁護士費用

通行権が侵害された場合，それは日常生活上のことなので，その肉
体的，精神的苦痛には重いものがあり，当然，慰謝料請求権の発生が
考えられます（肯定した事例・・・大阪高判昭49・3・28判時762-32，東京地
判昭56・8・27判時1024-78，否定した事例・・・大阪地判昭48・1・30判時

721-70，東京地判昭51・4・27判時838-62）。

　また，通行妨害行為は不法行為を構成するところ，その妨害を排除し，あるいは損害賠償を請求するについて訴訟を起こし，その訴訟追行について弁護士を代理人として依頼する場合の弁護士費用を損害として請求できるかについては，これを肯定するものがあります（東京地判昭51・4・27判時838-62，東京地判平7・10・31判タ916-153）。

43 通行妨害排除の費用負担

Q 他人の私道に通行地役権をもっていますが，私道の所有者が柵を作って通行の妨害をしています。この排除請求をしたいと思いますが，費用はどちらが負担すべきなのでしょうか？

1 通行妨害排除の費用負担

　私道について，公道に至るための他の土地の通行権（袋地通行権，囲繞地通行権，法定通行権，隣地通行権。以下「隣地通行権」という）や通行地役権を有する者は，通行を妨害された場合には，物権的請求権の効力として，妨害物を除去し，または妨害行為の禁止を請求することができます（Q41参照）。しかし，それに要する費用を誰が負担すべきかについては，見解が分かれ，およそつぎのようになっています。

　①相手方の費用と労力で妨害を排除できるとするもの。

　②妨害状態が相手方の責任によって生じた場合には，相手方の費用と労力で妨害を排除できるが，相手方の責任でないときには，自己の費用と労力で妨害を排除できるにすぎないとするもの。

　③労力は自己負担であるが，相手方が不法行為者の場合は，費用の負担を請求できるとするもの。

　具体的な適用において考え方が分かれるのは，通行妨害の原因について，妨害者に故意または過失が認められない場合や，妨害状態が不可抗力によって生じた場合に，その妨害者に妨害排除の費用の全部または一部を負担させることができるかということです。妨害状態が妨害者の故意または過失によって生じた場合については，妨害者に費用を負担させることができることには問題はありません。

　この妨害排除請求の費用負担についての判例の考え方は，物権的請

求権は相手方にその費用負担で積極的な行為を請求できる権利である
との理解のもとに，妨害物の所有者は，その妨害の発生原因について
何の関係ももたなかったとしても，妨害排除の費用を負担すべきだと
いうものです（大判昭5・10・31民集9-1009）。そしてこの趣旨から，妨
害が妨害者の過失なくして生じた場合や，第三者の行為によって生じ
た場合であっても，その排除費用を妨害者に負担させていますが，自
然ないし不可抗力による場合は除外しています（大判昭7・11・9民集11-
2277など）。

2　具体例

　隣地通行権や通行地役権のような物権的な通行権が妨害された場合
の排除費用の負担について直接判断したものとしては，つぎのような
下級審の判例があります。

　（1）　図43-1において，甲₁地ないし甲₃地はXの所有地であり，
乙₁地ないし乙₃地はYの所有地です。Xは甲₂地および甲₃地を，Yは
乙₁地ないし乙₃地をそれぞれ提供して公道に通ずる私道を開設し，乙
₁地ないし乙₃地については，Xのために通行地役権が設定されていま
した。その後，甲₃地および乙₃地は東京都に買収され，その部分につ
き公道の拡張工事がなされた結果，公道の路面が私道よりも約0.9m
低くなり，Xの自動車による通行ができなくなりました。そこでXは
承役地たる乙₂地を削って段差を除去する工事を始めたところ，Yが
妨害をしたため，Xは裁判所からYに対する妨害排除の仮処分決定を
得て私道のうち乙₂地部分の復旧工事をしました。そのうえで，あら

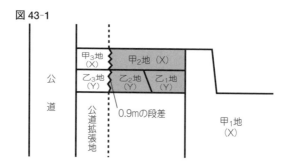

図43-1

ためてＹに対し，主位的にはＹの費用をもって復旧工事をせよと求め，予備的にはＸが復旧工事をすることを受忍せよと求めました。裁判所は主位的な主張は認めず，「地役権の承役地に，その所有者の故意過失によらない障害が発生し，これがために地役権の円滑な行使ができなくなった場合には，要役地所有者は自己の費用をもって，右障害を除去し，あるいは補修をなしうるのである。この場合，承役地所有者は，障害の除去補修工事が通行地役権の円滑な行使に必要な最小限度を超えないかぎり，その工事を認容しなければならない」として，Ｘの費用負担による復旧工事を認めました。そして承役地所有者たるＹが復旧工事の義務を負うのは，障害の発生についてＹに責任がないかぎり，地役権設定行為または特約によって負担の責任を負った場合に限られるとしました（東京地判昭43・10・11下民集19-9・10-602）。

（２）　隣地通行権を有する者が，囲繞地（袋地を囲んでいる土地）を通行するについて障害となる既存の溝渠を除去するについては，隣地通行権者の費用負担においてなすべきであるとしたものがあります（仙台高秋田支判昭46・3・10民集26-3-492）。

（３）　隣地通行権による妨害排除は認めず，通路開設権にもとづく妨害物件の排除を袋地所有者の負担で認めたものがあります（東京高判平14・9・5判時1802-91）。

（４）　なお，理由は示されていませんが，仮処分事件において，妨害者の費用で妨害物の撤去を認めたものがあります（松山地判昭58・4・27判時1088-124）。

44 私道への駐車

Q 私道を通行して公道に出ていますが，私道の所有者や通行権者が道路上に自動車を常時駐車させるため通行の妨害になっています。駐車を禁止させることはできませんか？

1 駐車の態様

　自動車が走行せずに，路上に停まっている態様には，道路交通法上の駐車および停車，それに自動車の保管場所の確保等に関する法律による保管場所としてのものが考えられます。

　道路交通法上の駐車とは，車両等が客待ち，荷物待ち，貨物の積卸し，故障その他の理由により継続的に停止すること（貨物の積卸しのための停止で5分を超えない時間内のものおよび人の乗降のための停止を除く），または車両等が停止し，かつ，当該車両等の運転をする者がその車両等を離れて直ちに運転することができない状態にあることをいいます（道路交通法2条1項18号）。つまり，車両の継続的停止をいっているのですが，どの程度の時間の経過を要するかは，一律には決められません。単に時間の長短だけではなく，運転者の意思も考慮し，具体的な状況によって社会通念に従って定めることになります。

　これに対し，停車は，車両等が停止することで，駐車以外のものをいうとされています（道路交通法2条1項19号）。たとえば，貨物の積卸しのための5分以内の停止，人の乗降のための停止で運転者が直ちに運転できる状態のものなどです。

　また，自動車の保管場所とは，車庫，空地その他自動車を通常保管するための場所をいいます（自動車の保管場所の確保等に関する法律2条3号）。

2　駐車の可否

　自動車による通行のうち，前記の停車は，通行の一態様とみられますから，その私道が自動車の通行を許容しているものであるかぎり，当然認められることになります。これに対し，駐車については，これも通行方法の一種だとする見解もありますが，駐車といっても長時間のものもあり，そのようなものはもはや通行の態様とはいえず，たとえ私道所有者あるいは通行権者であっても，それは他の通行権者の通行を妨害していることになるので，許されないというべきことになります。いかなる時間をもって長時間とみるかは，具体的な状況によって社会通念に従って判断するほかありません。また，保管場所としての駐車は，道路をいわゆる駐車場として使用するわけなので，道路上を自動車の保管場所として使用してはならないとの義務（**自動車の保管場所の確保等に関する法律11条1項**）に違反することになり，これにより一般交通の用に供されているような私道では許されないばかりでなく，通行権者であっても，その通行権の内容に私道を保管場所にすることは含まれず，とうてい通行の態様とはいえないというべきでしょう。

　その駐車等が通行の妨害となる場合には，私道の所有者や通行権者のような権原のある者は，その妨害の排除，つまり自動車を他の場所へ移動させるよう請求できることになります。権原のない者には排除請求は認められません。

3　具体例

　［1］　私道所有者あるいは通行権者が私道に駐車等をさせた場合に関する判例としては，つぎのようなものがあります。

　（1）　図44-1において，Xはその所有する甲地に自宅兼アパートを建て駐車場を設けようと計画しました。甲地は道路位置指定を受けている幅9尺の私道に接していますが，私道の北側部分（イロハニイを結んだ線内）は，Y所有の乙地の一部であり，Yはこの部分に幅3尺の建物を増築し，かつ私道の上記部分に自動車を駐車させるなどしてXの自動車による通行を不可能にしました。そこでXはYに対し，通行地役権（**Q19参照**）あるいは通行の自由権（**Q37参照**）にもとづき

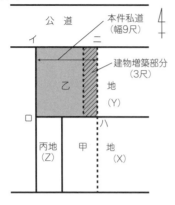

図 44-1

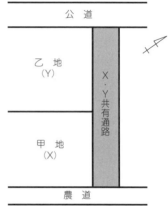

図 44-2

通行妨害排除請求の訴えを起こしました。これについて裁判所は，Xに通行の自由権を認めたうえで，Yが私道を自分の自動車の駐車場として専用するのは，Xの自動車通行の妨害になるとしました（東京地判昭57・1・29判タ473-168）。

（2）　図44-2において，XYは亡父から，Xは甲地を，Yは乙地をそれぞれ相続するほか，両地から公道に通ずる通路を2分の1の割合で共有していました。Xが甲地に建物を建築しようとしたところ，Yが共有通路の西半分に自動車を置くなどしてXの通行を妨害したので，Xがその通行妨害禁止を裁判所に求めたのに対して，裁判所はYの自動車の通路への放置は，Yの持分に応じた使用（民法249条）の範囲を超えて，Xに対する通行妨害となるとしました（横浜地判平3・9・12判タ778-214）。

（3）　最高裁判所は，通路に恒常的に車両を駐車させて通行地役権者の車両による通行を妨げる者に対し，残余の道幅でも車が通行できるとしても，通路幅全体について妨害禁止を求めることができるとしました。しかし，その範囲を超えて，承役地の目的外使用一般の禁止を求めることはできないとしています（最判平17・3・29判時1895-56）。

（4）　このほか，本問に関連する判例としては，①隣地通行権について自動車の停車は認めたが駐車は認めなかった例（東京高判昭50・1・29高民集28-1-1），②通路に自動車を車庫がわりに駐車させることを

通行妨害行為と認めた例（札幌地判昭44・8・28判時582-88），③通路として使用されている土地の賃借人から同一土地を同様に賃借している者に対する賃借権にもとづく駐車禁止が認められた例（東京地判昭63・2・26判時1291-75），④通行地役権が認められる私道につき，駐停車および妨害態様を区別して排除を認めた例（東京高判平10・10・15判時1661-96），などがあります。

　［2］　私道につき何らの通行権を有しない第三者の駐車については，私道所有者らは禁止をすることができます。その私道が道路位置指定を受けていても同様です。

　道路位置指定のある私道の所有者が，その私道等に接している土地の所有者に対し，その土地上の賃貸アパートに出入りする者につき，私道上に自動車を駐停車させることにより，その占有使用を妨害してはならないと請求できるとした事例があります（東京地判平23・6・29判タ1359-244）。

45 通行紛争と仮処分申請

Q 私道の通行を妨害された場合，裁判所に仮処分申請をすればよいと教えられました。これは，どのような場合に認められるのですか。また，通行権保全の仮処分が不法行為とされる場合が考えられますか？

A・・・・・

1 仮処分の制度

　私道に妨害物を設置されたりして私道の通行が妨害された場合に，裁判所における訴訟等の手続によらないで，自己の実力で通行権の実現・回復を図るという，いわゆる自力救済の手段をとることは認められていません（例外として，高山簡判昭34・12・11判時214-34参照）。原則として訴訟によって権利関係を明確にすることにより紛争の解決を図ることになります。

　しかし，訴訟で解決するには通常，相当な日数を要し，その間継続して日常の生活手段である通行を妨害されることは，日常生活に重大な影響を及ぼし，緊急に通行を確保する必要が生じてきます。

　このような場合に，訴訟における判決がなされるまでの暫定的措置として，その妨害を排除し，通行を可能にする手段として，裁判所に対し，通行妨害禁止・妨害物除去等の仮処分申請をすることができます（民事保全法23条）。

　また，現実に通行は妨害されていなくとも，通行地役権の登記手続や，賃借権にもとづく目的土地の引渡しを拒否されている場合には，その権利を保全するため，処分禁止の仮処分や占有移転禁止の仮処分申請をすることもできます。

2 通行権保全の仮処分と不法行為

　私道の通行権の妨害とは反対に，何らの通行権もないのに不法に通行権を主張して，私道所有者等の私道利用を妨害すれば，それは不法行為（民法709条）となって，損害賠償の問題が生じます。しかし，通行権の紛争においては，もっぱら私道所有者に対する嫌がらせを目的とするような場合を除いては，まったく通行の根拠が考えられないというような事態は考えがたく，請求が認められる事案はごく限られた場合になるでしょう。

　（1）　下級審の判例に，通行地役権を主張して通路敷に処分禁止の仮処分命令を取得した行為を私道所有者に対する不法行為であるとしてなされた損害賠償請求を排斥したつぎのような事案があります（東京地判昭55・4・14判時980-85）。

　図45-1において，甲ないし戊地および通路は，もともとXが所有していたが，Xは丁地をYに売却するに際し，袋地となる丁地のために図の三筆からなる通路部分をYが通路として使用することを認めました。その後Xは通路部分を含む甲ないし丙地をAに売却することとし，Aはこの土地上に駐車場を兼ねたビルの建築計画を立て，その設計図では，地上約3mの高さにおいてほぼ通路部分にビルを張り出させ，通路を覆うような構造となっていました。これ知ったYはB

図45-1

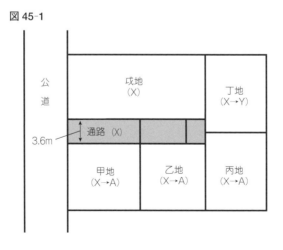

区に建築確認をしないように申し入れなどをしたほか，通行権確保のため裁判所に通路部分の処分禁止の仮処分申請をし，その旨の決定を得ました。このためXA間の売買契約について，Aが一部の契約条項の履行を拒否したため，XA間に紛争が生じたところ，それは結局Xの譲歩により解決しましたが，Xは，この紛争はYがAの建築を妨害するために通路が建築基準法42条1項3号（昭和25年11月23日以前に存するもので，幅員4m以上のものなど）に該当する道路であると偽って，同法上の道路に張り出すような建築確認をすべきでないと申し入れたことや，通行地役権がないのにあると偽って通路に対する処分禁止の仮処分を得た結果，損害が生じたと主張したケースです。

これに対する裁判所の判断は，XYが過去数回にわたって増改築をした際，B区はこの通路は建築基準法42条1項3号の道路として許可をしてきたのであり，この既成事実により，Aが確認申請をした計画建物は，同法上の道路の上空に張り出す構造となるため確認が留保されたのであり，Yの申し入れが原因ではなく，また，仮処分申請は，仮にYに通行地役権が認められないとしても，Yが通路に対する契約上の使用権を有している以上，Aが通路を覆うような構造のビルを建築する目的で土地を購入して建築確認を得ようとしている状況下においては，通行権を保全するために処分禁止の仮処分を得ても違法ではないというものです。

（2）不法行為の成立を認めたものとしては，境界紛争もからんで，通行権の妨害を理由とする建築工事中止等の仮処分を得て工事中止に追い込んだことが不法行為を構成するとしたものがあります（名古屋高判平14・3・5公刊物未登載）。

46 通行権の存否と土地売買

Q 建物を建てる目的で土地を買いましたが，売主が通路として
利用できると指定した土地部分についてその土地所有者から
通行を拒否されました。売主に対し，どんな主張ができますか？

A・・・・

1　買主の通行権

　買い受けた土地が袋地である場合には，買主は民法210条により，
公道に至るための他の土地の通行権（袋地通行権，囲繞地通行権，法
定通行権，隣地通行権）を取得します。この場合，通行の場所および
方法は通行権を有する者のために必要にして囲繞地（袋地を囲んでい
る土地）のためにもっとも損害の少ないものを選ばなくてはなりませ
ん（民法211条）。したがって，売主が通行できると指定した場所がこ
の条件にあてはまらないときは，買主はあらためてほかの場所を選
び，そこを通って公道に出なければなりません。なお，買い受けた土
地が，売主の土地を分割したものである場合には，買主の通行権は，
売主の残余地内に限られます（民法213条2項・・・Q13参照）。

　買受土地に付着する通行権が，通行地役権である場合には，地役権
が要役地に従属する権利であるために，要役地が売買されれば，売買
の当事者間においては，原則として地役権は買主に移転します（民法
281条）。しかし，これを第三者に対抗するためには，売主に通行地役
権の登記があっても，原則として要役地の所有権移転登記はしておか
なければなりません。

　売主の有する通行権が，賃貸借契約等の債権契約上のものである場
合には（Q1参照），その効力は原則として直接契約を結んだ者にしか
及ばないので，買主は，通路所有者が承認してくれないかぎりこの通
行権を主張することはできないことになります。もっとも，所有者の

7
私道と土地売買

買主に対する通行拒否が権利の濫用になるなどの場合には，その結果として通行できる場合が生じます。

　売主が利用できると指定した通路部分が他人の所有に属したりして利用できない場合は，買主は，民法95条にもとづく錯誤による売買契約の取消し（Q47参照），あるいは民法96条にもとづく詐欺による取消しの主張をすることが考えられます。

2　錯誤

　平成29年の民法改正の以前の，錯誤の旧民法95条の規定は，「法律行為の要素に錯誤があったときは無効とする。」とし，この要素の錯誤について判例は，「合理的に判断して錯誤がなければ表意者が意思表示をしなかったであろうと認められる場合」としていました（大判大3・12・15民録20-1101）。しかし，要件としては抽象的であり，明確性を欠くので，改正民法においてはその明確化が図られました。すなわち，錯誤が，①意思表示に対応する意思を欠く場合，あるいは②表意者が法律行為の基礎とした事実についてのその認識が真実に反する場合で，その錯誤が法律行為の目的および取引上の社会通念に照らして重要であるときには取り消すことができると改正し（改正民法95条1項），無効原因から取消原因に変更しました。すなわち，一定の期間内に相手方に取り消すという意思表示をすることにより，法律行為を遡及的に無効にするという仕組みに変わったのです（同法121条，123条，126条）。土地の売買契約において買受土地を要役地とし，隣地を承役地とする通行地役権が設定されているという内容で締結された場合に，その通行地役権が存在せず，通行できないときなどは上記②に該当することになります。なお改正民法では，表意者に重大な過失があった場合の主張の制限や善意の第三者に対する対抗力の制限（同法3項，4項）の規定などがあります。

3　担保責任

　（1）　改正前の民法の売買における売主の瑕疵担保責任（旧民法570条）の法的性質については争いがあり，法定責任説と契約責任説とに分れていましたが，改正法は，契約の債務不履行責任と明示しま

した。そして態様を，①目的物の契約不適合と，②権利の契約不適合とに分けました（改正民法562条～565条）。

①は引き渡された目的物が種類，品質，数量に関して，契約の内容に適合しないものであるとき（同法562条1項）であり，②は売主が買主に移転した権利が契約の内容に適合しなかったものである場合（権利の一部が他人に属する場合においてその権利の一部を移転しないときを含む）（同法565条）です。旧民法570条においては「隠れた瑕疵」という用語が使用されていましたが，改正されて使用されなくなりました。隠れていたかどうかで区別しないことにしたからです。もっとも，旧民法の適用の範囲は，改正民法562条1項の目的物の契約不適合に近いとされます。旧民法570条のもとで，判例によって隠れた瑕疵があるとされた事例は，多くが改正民法での目的物の契約不適合にもあたるとみられます。

（2）　前記の土地の売買契約において，買受土地を要役地とし，隣地を承役地とする通行地役権が設定されているという内容で締結された場合に，その通行地役権がなく，通行できないときなどは，上記②の権利の契約不適合に該当することになります。

（3）　権利の契約不適合とされた場合の買主の責任追及方法は，履行の追完請求（同法565条，562条），代金減額請求（同法565条，563条），債務不履行に基づく損害賠償請求および契約解除（同法565条，564条）です。

買主が履行の追完を請求するとは，上記の通行地役権が存在していないときの例では，売主の責任において，その通行地役権を取得するよう請求することです。

4　錯誤と担保責任との関係

錯誤と担保責任との関係については議論はありますが，両者の競合を認め，選択的に行使を認めるのが妥当でしょう。

5　債務不履行責任・不法行為責任

袋地を袋地として売買する場合はともかくとして，既設の通路がないため，売主が売買の目的地について，公道まで通行できる通路の開

設を約定したにもかかわらず通路を開設しなかった場合や，通行地役権の設定あるいは移転を約定したにもかかわらずこれを履行しなかった場合には，売主の債務不履行責任が生じ（民法415条），やはり契約解除や損害賠償請求の問題が発生します。また，損害賠償については不法行為責任も生じます（民法709条）。

つぎのような下級審の判例があります。

①建築基準法上の接道義務（Q33参照）を充たしていない宅地の売買における売主の幅員4mの私道を設置する旨の特約の不履行を理由に，買主が私道敷を取得するに要した費用の約1割の損害賠償を認めた事例（横浜地判昭58・1・27判タ498-141）。

②土地の売買契約に際し，隣地の所有者から土地の一部を要役地とする地役権の設定を受けてこれを移転する契約が成立しているとして，右債務の不履行を理由として契約の一部解除を認めた事例（東京高判昭59・5・30判タ533-159）。

③建築基準法上の接道義務を充たさない宅地の売買につき，売主の不法行為責任を認めている事例（東京地判平6・7・25判時1533-64，大阪高判平11・9・30判時1724-60）。

47 土地売買と私道負担

Q 自宅を建てようと土地を買いましたが，更地で面積いっぱいに建物が建てられると思っていたところ，その一部が他人の地役権の承役地となって使えないことがわかりました。売主の責任を追及することはできませんか？　また，道路位置の指定があった場合はどうですか？

1　売主の責任

　建物を建築する目的で土地を購入するときは，多くの場合，その土地にどれくらいの規模の建物が建築できるか，あるいはどの場所に建築できるかなどを見込んで売買することになります。したがって，その土地の建ぺい率や容積率がいくらであるかとか，地形がどうなっているかということは重要で，当事者としては少なくともこの土地にはこれくらいの建物は建てられるとの前提で売買することになります。そこで買い受けた土地について，買主が予想もしていなかった土地部分や面積について建築制限を受けて，私道負担として提供しなければならないことが後でわかったり，あるいは建築制限があることがわかり，そのため買主が当初計画していた建物が建築基準法に反して違法建築となり，建築ができなくなった場合には，売主の責任を追及できる途が考えられなければなりません。

　この売主の責任を追及する方法としては，錯誤による取消し（民法95条）と売主の担保責任（民法562〜565条）があります。前者は，土地の売買契約の重要な部分に思い違いがあるとして売買契約の取消しを主張するものであり，後者は土地に欠陥があることを理由に売買契約の履行の追完請求，解除ないし損害賠償請求を主張するものです。なお，売主の契約の際の態度によっては詐欺（民法96条）の成立も考

えられます。

2 錯誤・担保責任

平成29年に錯誤や担保責任に関する規定が改正された経緯や内容については、Q46で説明したとおりです。

買った土地の一部に他人の通行地役権が設定されていて、建物の敷地に利用できないとか、道路位置指定道路あるいは2項道路に指定されていて、敷地に建物を建築することが禁止されているとか（Q30，32参照）の場合は、錯誤との関係では、いずれも意思表示をした者が、売買などの法律行為をした際に、その基礎とした事実についての認識が真実に反する場合で、その錯誤が法律行為の目的および取引上の社会通念に照らして重要であるときには取り消すことができる、という規定に該当する場合でしょう。売主の担保責任との関係では他人の通行地役権が設定されている場合については、権利の一部が他人に属するものとして（**改正民法561条括弧書**）、権利の契約不適合に該当する場合であるといえるでしょう。道路位置指定道路あるいは2項道路の指定がある場合については、目的物の不適合か、権利の契約不適合か見解が分かれるでしょう。

買主が、売主に対する責任追及の方法として履行の追完を請求するときは、他人の通行地役権が設定されている場合については、売主の責任において、その通行地役権を消滅させるよう請求することです。道路位置指定道路あるいは2項道路の場合は、行政処分で行われる事柄ですから、その取消しを求めることは難しい場合が多いでしょう。

3 具体例

平成29年の民法改正前の例ですが、改正後も同じに扱われると考えられます。

図47-1において、Xは、ビル建築を目的としてYから土地を買い受けました。そこには4名の借地人がいて、その所有する建物があり、土地の中央には私道が開設されていました。売買契約の際、YがXに対し、私道の部分は借地権の対象にはなっておらず、公法的規制も受けていないと説明したので、Xは借地権の譲り受けの交渉はXが

するものとしてＹに私道につき
更地なみの代金を支払いました。
ところが，その後Ｘが調査したと
ころ，私道には建築基準法42条2
項の道路指定がなされていたこと
が判明したため，Ｘは計画したビ
ル建築をすることができなくなり
ました。そこでＸは，Ｙに対し，
瑕疵担保責任・錯誤などを理由に
私道部分の代金の返還および損害

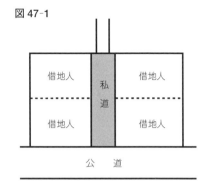

図47-1

賠償を求める訴えを提起しました。裁判所はこれに対し，隠れた瑕疵
の存在を認め，私道部分の価値を更地の3割と認定し，その差額の損
害賠償をＹに命じました（東京地判昭58・2・14判時1091-106）。

48 借地の買取りと通行権

公道に直接接していない土地を借り，地主が開設した通路を通って公道に出ていました。こんどその借地部分を買い取ることになりましたが，通行権はどうなるのでしょうか？

A・・・・・

1 問題の所在

　直接公道に接していない土地を賃借した際に，地主が借地から公道に出るための通路として，地主所有の土地に開設した場合，借地人は当然その通路を通行して公道に出られるわけですが，その後，借地人がその借地を買い取った場合，通行権がどうなるのであるかが問題となります（図48-1）。

　一般に，地主が借地人に，公道に出られるように自己所有の土地を通路に提供した場合の通行権は，借地権の一内容としてその通路を通行できるものと考えられています。つまり，地主は土地を借地人に賃貸するに際し，借地人に対してその通路を通行させるべき借地契約上の義務を負ったことになり，その反面として，借地人はそこを通行できる借地契約上の権利（債権的通行権）を取得することになるのです。

　このようにして，いったん成立した通行権は，その後，借地人が借地を買い取った結果，借地契約が消滅したとしても，それにともなって当然に消滅してしまうとみ

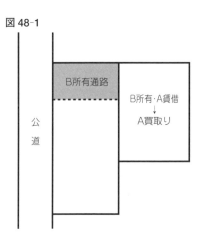

図48-1

公道

B所有通路

B所有・A賃借
↓
A買取り

るべきではありません。もっとも，借地の買取りに際して，通路を負担させて売買したのであれば，特に問題は生じません。しかし，本来の借地部分だけの買取りの場合には，従来，借地人がその借地を利用するために有していた債権的通行権が，土地の所有権を取得したために事情が変わり，その時点で，こんどは土地所有者として，土地を使用することを可能にするために新たに別の通行権をもつようになったものと考えるべきでしょう。つまり，通行権の性質の変更があったとみられるのです。しかし，その通行権の法律的性質がどのようなものであるかは，具体的な事情によって異なることになるでしょう。

2　通行地役権の場合

　地主が借地人のために開設した通路について，この通路を利用すべき借地がそのままの状態で借地人に売却されたときは，従前の経過からみて，特別の事情のないかぎり，明示の契約をしなくとも，売買と同時に通行地役権を設定したものとみられるでしょう。つまり，借地人たる買主は，買い取った土地を要役地とし，地主所有の通路を承役地とする通行地役権を取得することになるのです（東京地判昭45・9・8判タ257-238参照）。ただ，買い取った土地に他にも通路がある場合は，問題があるでしょう。なお，この通行地役権は，登記をしておかないと，その後，通路の所有権を取得したような第三者には原則として対抗できないことになります（民法177条・・・Q24参照）。

3　隣地通行権の場合

　地主が通路の所有権を留保して，貸地部分のみを借地人に売却し，それが結果として袋地を売却したことになる場合には，買主たる借地人は公道に至るための他の土地の通行権（袋地通行権，囲繞地通行権，法定通行権，隣地通行権。以下「隣地通行権」という）を取得することになります。これは袋地の利用を可能にするために法律上当然に発生する権利なので，第三者に対抗するについて登記の有無は問題となりません。したがって，通路がその後第三者の所有になって通行地役権の主張が認められない場合であっても，隣地通行権は認められることになります。もっとも，隣地通行権の場合は，通行の場所およ

び方法は，通行権者にとって必要であり，かつ囲繞地（袋地を囲んでいる土地）にとってもっとも損害の少ないものであることを要するとされています（民法211条1項）。しかし，従前に通路として開設されているものは，他に特別の事情がないかぎり，この要件を充たすものというべきです。

ところで，地主が公道まで通ずる通路とそれに接する貸地のうち，貸地部分のみを借地人に売却したことは，民法213条2項にいう土地の所有者が土地の一部を譲渡した場合に該当するというべきで，この場合，譲受人は譲渡人の残余地を無償で通行できるので，本問の借地人たる買主が取得する隣地通行権は無償ということになります。

なお，下級審の判例に，借地買取りの際設定された合意による通行権を債権的通行権にすぎないと認定しながら，その後の通路取得者に対しては，諸般の事情を考慮して隣地通行権の成立を認めたものがあります（東京地判平2・4・24判時1366-60）。

4　債権契約による通行権の場合

通行地役権の設定も隣地通行権の成立も認められない場合であったとしても，地主は従前からその通路を通行することを認めてきたのであり，そのままの状態で売買する以上，売買契約に際して，少なくとも債権的通行権の設定があったものと認められるでしょう。したがって，買主はその通路を通行することができるわけですが，その後通路の所有者がかわったときには対抗力がないので，問題が生じます。

Q 奥まった土地に建物を建てたため，隣地を使用しなければ，電気，ガス，水道，下水道，電話をひくことができません。ひくには土地所有者の承諾が必要ですか？

1 隣地使用の必要性

　現代の生活においては，電気，ガス，水道，下水道，電話（ライフライン）は必要不可欠のものであり，そのための導管（導線を含む）等の設置について，自分の所有地を使用するだけで設置できる場合は問題ありませんが，他人が所有する隣地を使用せざるをえない場合については問題が生じます。

　従来はこれに関する規定がなかったので，判例や学説によって具体的に妥当な対応ができるよう法的根拠，方法などにつき，解釈上の努力がなされてきました。なかでも民法の相隣関係の規定や下水道法11条を準用する見解が多くみられました。

　その後，令和3年の民法改正により，民法213条の2に相隣関係の一つとして，電気，ガス，水道について，「継続的給付を受けるための設備の設置権等」としての規定が新設されました。これにより，生活や事業を営むうえで継続的に給付を必要とする電気，ガス，水道の導管，導線に関して，他人の土地や設備を使用することができる法的根拠が明確になりました（施行は令和5年4月1日）。

2 電気，ガス，水道についての新設規定のあらまし
（1）　設備設置権・設備使用権

　土地所有者は，他の土地に設備を設置し，または他人所有の設備を使用しなければ，電気，ガス，水道（下水道も含まれる）の継続的な

8 その他の問題

給付を受けることができないときは，理由の如何を問わず，必要な範囲で他の土地に設備を設置し，または他人所有の設備を使用することができます（民法213条の2第1項）。いわゆる導管袋地所有者の設備設置権・設備使用権です。この場合，土地所有者の土地は，民法210条等に該当する袋地である必要はなく，隣接地である必要もありません。必要以上に設置・使用の範囲を超えると逆に設備の撤去や使用の停止の問題が生じます。複数の導管袋地があり，その1つに既に設備が設置され，それに接続すれば目的を達成するのであれば，その設備に接続させるべきであるといわれています。設置した設備は設置権者の所有物です。

（2） 設備設置の場所

権利を行使する者は，他の土地や他人の設備（他の土地等という）を使用するにあたっては，設備の設置または場所は，他の土地等のためにも最も損害が少ない場所および方法を選ばなくてはならず（同条2項），かつ，あらかじめその目的，場所および方法を他の土地等の所有者および使用者に通知しなければなりません（同条3項）。承諾を得る必要はありません（以前は承諾の要否について，裁判所によって扱いが異なっていました）。なお，隣地使用におけるような事後通知（同法209条2項・3項）も必要ありません。土地所有者が不明のときは，民法209条3項但書の類推適用により事後通知できるとの見解があります。

（3） 土地使用権

権利者は，権利行使に際しては他の土地を使用する必要があるところ，その使用目的を達成するために土地使用権が認められます（213条の2第4項前段）。土地使用権の行使に関しては，その行使態様につき隣地使用権・立入権の規定（同法209条第1項但書および2項〜4項）が準用されています（同法213条の2第4項後段）。

（4） 償金の支払い

新たに他の土地に設備を設置する設備設置権者は，その行使によって生じる他の土地の損害に対して償金を支払う義務があります（地上の利用に支障が生じないような導管の地下埋設でも，損害は生じているというべきである）。この償金は1年ごとに支払うこともできます

（同条5項）。設備使用権者は，他人所有の設備の使用開始のために生じた損害に対して償金を支払わなければなりません（同条6項）。また，設備の設置・改築・修繕・維持に要する費用を，その利益を受ける割合に応じて負担しなければなりません（同条7項）。共同使用する場合もあるからです。

（5）　土地の分割・一部譲渡の場合

設備設置権を行使しなければ，電気・ガス・水道などの継続的給付を受けることができない土地が，土地の分割や一部譲渡によって生じたものであるときは，設備の設置はもとの土地の他の部分にのみに認められ，この場合償金は不要です（同法213条の3）。隣地通行権に関する民法213条と同趣旨です（設問12，13参照）。ただし，民法213条の2第4項によって準用される民法209条4項により，他の土地所有者，利用者の受ける損害としての償金は一時金として負担しなければなりません。

3　具体例（令和3年の新設規定が施行される以前の例）

（1）　使用を肯定したものとしては，つぎのようなものがあります。

（a）　図49-1における甲地および乙地は元一筆の土地であったのを所有者であるYが分筆し，その結果袋地となった乙地をAに譲渡し，乙地のために通路を開設しました。その後，袋地である乙地はXに譲渡され，XはYの承諾のもとに通路にビニールの排水管を設置したところ，3年後になってYがXのビニール排水管は甲地の所有権の侵害であるとしてその撤去を求めてきました。そこでXはYに対し，ビニール排水管の使用妨害禁止ならびに将来における排水管のあらためての設置および上水道，ガスの導入管の設置の妨害禁止を求めて訴えを提起しました。

図49-1

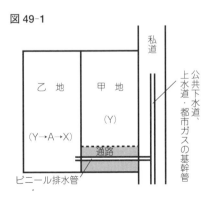

これについて裁判所は，通路は隣地通行権の対象であるとともに通行地役権も設定されているとして，隣地通行権および通行地役権の中には，都市生活における文化生活維持上，下水道法11条，民法210条ないし213条を類推解釈して，隣地所有者の承諾なくして下水排水設備，上水道，ガス管の導入設備をする権利が含まれると

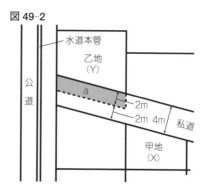

図49-2

してXの主張を認容しています（神戸簡判昭50・9・25判時809-83）。

　（b）　図49-2において，Xはその所有する甲地に水道がひかれていないために同地上にアパートを建築する際，道の両側居住者によって提供されて開設されている私道のうち，Y所有の乙地のa部分の地下を通過する13mにわたる水道支管設置工事をするべく東京都給水条例4条所定の利害関係人たるYに対して，右工事をすることの承諾を求めたところ，Yがこれを拒否したので，Xは右承諾を求めるとともに，右工事の妨害排除を求めて訴えを提起しました。

　これに対し裁判所は，甲地で日常生活を営むには水道水が必要であり，水道をひく場合に他人所有の私道下に水道管を敷設するしか途がなく，その場合にa部分を通って水道工事をするのがもっとも合理的かつ合目的的で，またX主張の工事方法などがYに与える損害が僅少である場合には，隣地の使用・立入権に関する民法209条，隣地通行権に関する同法210条，余水排泄権に関する同法220条，他人の土地に排水設備を設置できる旨を定めた下水道法11条を類推して，Xが水道管工事のためにa部分を使用するのを受忍すべきことを請求する権利があり，その前提としてXはYに対し承諾請求をする権利があるとしました（東京地判昭49・8・20判時750-69）。

　（c）　なお，電気，電話の導線について認めたものとしては，大阪高判昭56・7・22判時1024-65などがあります。

　（2）　隣接地に下水道管を敷設する工事の承諾および当該工事の妨害禁止を求める請求が権利の濫用に当たり認められないとされた例が

図 49-3

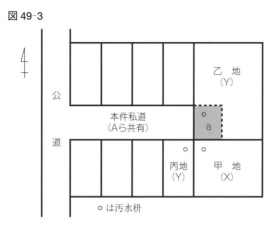

図中: 公道 / 乙地（Y） / 本件私道（Aら共有） / a / 丙地（Y） / 甲地（X） / ○は汚水枡

あります。

（a）　図49-3において，Xの所有する甲地から西側の公道に至るには，Y所有の乙地の一部であるa部分を通じ，Aら共有の私道を通るしかありません。Xは，甲地上の旧建物を解体して新建物を建築することにし，その新築工事は母親が代行して施工したところ，建築基準法上の建築確認を得ず，かつ，建ぺい率にも違反していたため，建築工事停止の勧告をされました。しかし，Xはそれを無視して工事を強行したばかりか，給排水で問題が生じないように隣地所有者の事前の了解を受けるべき旨の市の行政指導も無視して建築工事を完成してしまいました。Xは，旧建物当時には，トイレが汲取式で，その余の排水は地中に吸い込ませていたため，隣地を利用する必要がなかったのですが，新建物においては，隣地を利用して下水を排泄する必要が生じたので，私道には公共下水道に通ずる下水管がAらによって埋設されているうえに，a部分にYが汚水枡を設置していたところから，Xは，甲地に設置した汚水枡からYがa部分に設置している汚水枡まで下水管を敷設しさえすれば，甲地からa部分の汚水枡，本件私道の下水管を経て，公道の公共下水道に新建物の下水を排泄できると考え，Yに対し，その工事の承諾を求めました。しかしYは，Xが建築基準法に違反し，かつ市の行政指導も無視して新建物を完成したことから，a部分に下水管を敷設することを拒否しました。そこで，X

は，甲地の西側に存する丙地にある汚水枡まで下水管を敷設しました
が，Aに無断で甲地と丙地との間に設置されていたAのブロック塀を
撤去して敷設工事を強行したため，Aとの間でも紛争が生じ，Xは再
びYに対し，a部分に下水管を敷設する必要があると主張して，裁判
所に対し，工事の承諾および工事の妨害禁止の訴えを起こしました。

（b）　第一審は，民法220条によって認められる余水排泄権により
排泄が認められる下水は，原則として適法な土地利用によって生じた
ものに限られるとしてXの請求を棄却しましたが，第二審は，甲地は
袋地で，a部分が従前から通路として利用され，a部分と公道を接続
する私道が道路指定を受けていることに加え，民法209条，211条，
220条，下水道法11条の趣旨を考慮すると，YはXの請求を受忍すべ
きであるとし，Xの請求は権利の濫用にも当たらないとしました（福
岡高判平3・1・30判時1399-57）。

（c）　Yがした上告に対し，最高裁判所は，建物の汚水を公共下水
道に流入させるため隣接地に下水管を敷設する必要がある場合におい
て，建物が建築基準法に違反して建築されたものであるため，除却命
令の対象となることが明らかであるときは，建物の所有者において右
の違法状態を解消させ，確定的に建物が除却命令の対象とならなくな
ったなど，建物が今後も存続しうる事情を明らかにしないかぎり，建
物の所有者が隣接地の所有者に対し右下水管の敷設工事の承諾および
右工事の妨害禁止を求めることは，権利の濫用に当たるとしてXの請
求を排斥しました（最判平5・9・24民集47-7-5035）。この最高裁判所の
判例については，賛否両論があります。

50 私道の評価

Q 私道は，相続税などの税金や裁判所の競売ではどう評価されているのですか？

A・・・・・

　私道について関係当事者が合意すれば，評価に何の制約もありませんが，何らかの意味で経済的評価が必要となる場合，その評価の仕方が問題になります。

1　私道の態様

　私道を評価する場合，その態様がどのようなものであるかの検討を要します。その態様いかんでは評価が異なってくるからです。

　（1）　**所有権からみた場合**　　私道敷の所有権がどこにあるかですが，①ある特定の個人または法人の単独所有の場合，②私道敷を複数人が特定の場所を提供しあっている場合，③私道敷を複数人の共有にしている場合，があります。

　（2）　**利用形態からみた場合**　　私道の利用形態がどうなっているかですが，①ある特定の個人または法人の単独利用の場合，②私道を特定の人が共同利用している場合，③一般の人に開放され公道に準ずる利用がなされている場合，があります。

　（3）　**公法的規制からみた場合**　　当該私道に公法的規制があるかどうかですが，①純然たる私道で，何ら公法的規制がなく，その廃止・変更が私道所有者の自由である場合，②公法，とりわけ建築基準法上の道路とされ，その目的達成から廃止・変更に制限がある場合，があります。

2 私道の評価

（1） 基準がある場合　公法上のそれぞれの目的から，私道の評価基準が設けられている場合があります。

（a）　公共用地の取得に伴う損失補償基準細則は，私道価値率として，①道路法上の道路および私道の用に供されている画地にあっては，0〜50パーセント，②上記①に該当しない単なる通路，敷地延長等の用に供されている画地にあっては，50パーセント以上，を定めています。

（b）　土地価格比準法（旧国土庁作成）は，国土利用計画法の適正な施行を図るため，標準的な基準を作成しています。それによると私道の利用状態が共同使用の場合には50〜80パーセントの減価率，準公道的私道では80パーセント以上の減価率となっています。

（c）　相続税財産評価に関する基本通達24では，相続税の課税評価として，宅地の一部が私道として通行の用に供されているときは（継続的であることを要する），その私道に供されている部分の価格は自用地として評価した価額（路線価方式または倍率方式による）の30パーセントの評価をするものとし，その私道が不特定多数の者の通行の用に供されているときは，その私道の価額は評価しないとしています。

なお最高裁判所の判例に，相続税における私道に供された宅地の評価について，単に建築基準法令による制限だけではなく，その宅地の位置関係，形状等や道路としての利用状況，道路以外の転用の難易等に照らし，その宅地の客観的交換価値に低下が認められるか否か，また，その低下がどの程度であるかを考慮して決定すべきである趣旨のものがあり（最判平29・2・28民集71-2-296），重要な判例と位置付けられています。

（d）　その他公的なものとしては，各地方自治体が定める土地区画整理事業土地評価基準や固定資産税課税のための固定資産評価基準などがあります。

これらの実際の運用としては，他の用途への転用の可能性の有無・強弱により数値が定められることが多いとみられるでしょう（関係者が多数いたり，道路の現況などから用途変更が困難であるほど減価率

は高くなる)。

（2）　一般の場合　　宅地等と私道を一括して所有する場合における取引においては，一体として評価される場合が多いでしょうが，私道が単独で取引の対象になる場合はまれで，その場合にどう評価するかは困難であるとされています。一つの見解として減価率を，①独占利用する場合は30〜50パーセント，②共同使用する場合は50〜70パーセント，③一般利用する場合は70〜95パーセントとするものがありますが，共同利用する場合や一般利用する場合には100パーセントもありうるとする見解もあります。

（3）　競売手続における取扱い　　裁判所の競売手続における不動産評価のうち，私道がその対象となる場合の評価については，裁判所によって多少違いますがおよそつぎのように扱われています。

（a）　建築基準法上の私道であるかどうかにより区別する取扱い

（ⅰ）　建築基準法上の私道である場合には，私道廃止の可能性が低いため，その私道に接道する画地の評価の5〜10パーセントが多いとされます。

（ⅱ）　建築基準法上の道路でない場合には，上記（ⅰ）の場合よりも廃止の可能性が高いところから，その私道に接道する画地の評価の10〜20パーセントが多いとされます。

なお，私有公道敷地（公道であるが道路敷は私人の所有する土地）は0パーセントに近いとされます。

（b）　私道の利用状態により区別する取扱い

（ⅰ）　独占利用している場合は20〜50パーセント

（ⅱ）　共同使用している場合は50〜90パーセント

（ⅲ）　一般利用している場合は90〜99パーセント

51 私道と道路交通法

Q 私道についても道路交通法は適用になるのですか？

A・・・・・

1 道路交通法と私道

　道路交通法の目的は，国民一般の自由な使用が認められている道路における危険を防止し，交通の安全と円滑を図り，道路の交通によって起こるさまざまな障害の発生の防止に努めることにあります。そのため，この法律の対象となっている道路には，道路法および道路運送法に定められているような道路のほか，広く一般交通の用に供せられているその他の場所も含まれることになります（道路交通法2条1項1号）。

　この場合の一般交通の用に供せられているその他の場所とは，現実に不特定多数の人や車が自由に通行できる場所のことを意味します。つまり，道路としての形態を備えていることや不特定多数の人の通行がまったく自由であることは必ずしも必要はありませんが，その場所が客観的にみて，一般通行に利用されていることが必要です。したがって，私人が所有し管理する私道であっても，人や車が自由に通行できるものであれば，当然に道路交通法にいう「道路」であり，規制の対象となります。

2 具体例

　最高裁判所の判例も刑事事件においてこの趣旨を明らかにしています（最判昭44・7・11判時562-80）。事案は，図50-1のように，Xが農耕車で幅員約2.5mの農道を進行し，T字型交差点に進入する手前から，宅地である甲地の一部（すみ切り部分）を通り，交差する幅員約4.3mの道路を時速約10kmで右折しようとして，Xの車が交差点の中に

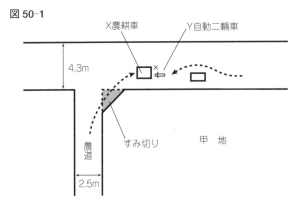

図 50-1

X農耕車　　　Y自動二輪車

4.3m

すみ切り　　　甲　地

農道

2.5m

約1m進入したときに，右方向から，交差点の直前で先行する四輪車
を追い越し，その前に割り込んできた自動二輪車と接触して転倒し，
自動二輪車を運転していたYが負傷したというものです。

　第一審と第二審は，宅地内から道路に出るときには一時停止の義務
があるとして，Xを有罪にしました。それに不服なXは，自分が進行
していた場所は，いわば交差点にすみ切りがある場所と同じ状態にあ
り，かつ，人や車が自由に通行していて，道路状になっているのだか
ら，「交通整理が行われていない左右見通しの悪い交差点」に該当し，
したがって，Xには徐行義務しかなく（道路交通法42条），Xはその徐
行をしており，無罪であるとして上告しました。

　これに対し最高裁判所は，この私有地の一部は，道路との境界を画
するものがなく，道路状で一般に自由に通行できる状態にあり，Yの
進行してきた道路とT字型に交差していて，いわゆるすみ切りがなさ
れている状態と同じで，道路交通法上の道路に該当し，したがって，
Xに一時停止の義務はなく，徐行すれば足りるとして，Xは無罪であ
るとしました。

　下級審の判例も，民事事件において同様の見解を示しています（東
京高判昭40・5・31下民集16-5-956，大阪高判昭62・10・27判時1263-49）。

　なお，駐車場内の通路部分も状況により道路であるとしたものがあ
ります（東京高判平17・5・25判時1910-158）。

3 私道の閉鎖の場合

　私道は，本来私人が所有し管理する土地であり，したがって，その所有者が自己の意思にもとづいて閉鎖その他の行為をすることは原則としては自由なので（Q36参照），もし私道が閉鎖された場合には，不特定多数の者が自由に通行するという要件を欠くことになり，その時点で道路交通法にいう道路ではなくなります。このことは，たとえその私道の地目が公衆用道路となっていて，しかも固定資産税等が免除となっていても同じことです。

事項索引

判例索引

著者紹介

安藤一郎（あんどういちろう）

1936年東京生まれ
元弁護士
主な著書
「私道の法律問題」（三省堂）
「新版相隣関係・地役権」（ぎょうせい）
「裁判実務大系24・相隣関係訴訟法」（編著・青林書院）
「実務新建築基準法－民法との接点」（三省堂）
「建築設計・監理・確認」（ぎょうせい）
「建設工事紛争と仲裁手続」（三省堂）
「新しい倒産法入門」（三省堂）
「私道・日照・境界等の知識とQ&A」（編著・法学書院）
「新・裁判実務大系2・建築関係訴訟法」（編著・青林書院）
「新・裁判実務大系27・住宅紛争訴訟法」（編著・青林書院）
「よくわかる境界のトラブルQ&A」（三省堂）
「よくわかる建築のトラブルQ&A」（三省堂）
「現代裁判法大系5・私道・境界」（新日本法規）
「建築の法律相談」（編著・学陽書房）
ほか多数。

1997年4月20日　　初版発行
2006年4月10日　　第2版発行

よくわかる私道のトラブルQ&A　第3版
2023年4月20日　　第1刷発行

著　者　　**安　藤　一　郎**

発行者　　株式会社　三　省　堂
　　　　　代表者　瀧本多加志

印刷者　　三省堂印刷株式会社

発行所　　株式会社　三　省　堂
〒102-8371　東京都千代田区麴町五丁目7番地2
電話　（03）3230-9411
https://www.sanseido.co.jp/

〈3版私道トラブルQ&A・240pp.〉　　　　　　　ⒸI. Ando 2023

落丁本・乱丁本はお取り替えいたします。　　Printed in Japan
ISBN978-4-385-31388-7